틈새시장을 파고드는 55가지 사업아이템

– 발상의 전환을 통한 사업아이템 발견 –

틈새시장을 파고드는

55가지 사업아이템

발상의 전환을 통한 사업아이템 발견

김진홍 저

동 문 사

글머리

대한민국이라는 울타리 안에서 경쟁력을 갖고 살아가기란 참으로 어렵다. 국토 면적은 제한적이고 사람은 넘쳐나니 자연스레 경쟁이 치열할 수밖에 없다. 그렇다고 아무런 대책 없이 이민 가기에는 언어도 서툴고 자본도 넉넉하지 않다. 따라서 경쟁이 힘들고 삶이 구차스럽더라도 이곳 대한민국에서 살아가야 하고, 기왕이면 다른 사람의 의지에 휘둘리지 않는 자기 주도적 삶을 살아야 한다. 그래서 우리는 스스로에게 무엇으로 어떻게 살아갈 것인가에 대한 질문을 던져야 하고, 어떤 방식과 자원이 치열한 경쟁 환경에서 생존 가능성을 높일 것인가를 고민해야 한다.

이 책은 저자의 주관적인 판단기준에 의해 선정된 소자본으로 사업화하기 용이한 아이템과 비교적 많은 자금이 투자되어야 하는 아이템 그리고 기존 아이템을 저자가 재해석한 아이템으로 구성하였다. 또한 틈새시장을 겨냥하고 신규시장을 발견하려는 목적에 부합하는 아이템 중심으로 편성되어 있다. 따라서 독자에 따라 일부 아이템은 진부하게 느껴지고 현실성이 낮게 인식될 수 있다. 그럼에도 불구하고 저자의 바람은 이 책을 통해 사업아이템을 고민하는 사람들이 사업적 영감을 얻고 경쟁력 있는 아이템을 개발하는 데 도움받기를 희망한다.

2021년 3월

차례

3. 경쟁력을 확보하는 방법 • 050

4. 발상을 전환하면 아이템이 보인다 • 059

9. 틈새시장 창업아이템 • 087

1. 처음부터 준비된 사람은 없다 〉〉〉

돈과 사람, 기술과 노하우…아무것도 없다

졸업하거나 퇴직 후 창업하려고 하는데, 돈도 없고 마음 맞는 동업자도 없으며 특별한 기술과 노하우도 없다. 학교에서 공부만 했고 평생 직장생활만 했기 때문에, 무엇을 어떻게 해야 할지 잘 모르겠다. 취업한 동기는 모임에 나와 밥도 사고 술도 산다. 또한 평생을 돈 버느라 제대로 쉬지 못했는데 가족들은 쉰다고 불안해한다. 대한민국의 청년과 퇴직자가 당면하는 현실상황이다. 그래서 '내 사업 하겠다'는 명분하에 경쟁력 없는 창업을 시도한다. 그러나 창업은 자본에 시간과 지식 및 경험을 더하여 '열심히 노력'해도 성공하기 쉽지 않은 선택이다.

주위를 둘러보면 다양한 종류의 수많은 점포가 영업하고 있고, 수많은 신규 창업자들이 회사를 설립하지만, '망하겠다'는 마음가짐으로 창업하고 운영하지는 않는다. 모두가 성공을 희망하고 확신하기 때문에 점포를 개설하고 회사를 설립하는 것이다. 그러나 철저한 준비가 결여된 낙관적인 창업은 실패의 지름길과 같다. 성공가능성을 높일 수 있는 요인이 결여되었기 때문이다. 즉 투자금과 인력 및 기술/경험 등의 경쟁력이 낮기 때문에 성공가능성도 매우 낮다. 그래서 가용자원(돈/사람/기술 · 노하우) 부재에 따른 대안으로, '아이디어 창업'의 중요성이 강조되는 것이며, 창업자에게 도전정신/열정/지식/아이디어가 필요한 이유이다. 그러므로 불확실한 미래가 두려워 도전하기를 주저하고, 안정적인 일자리와 수입처만을 찾아다니는 사람은 창업하지 말아야 한다. 창업 후 언제든지 재취업하거나 조기 폐업할 가능성이 높기 때문이다. 또한 '창업하겠다'는 강렬한 의지와 열정이 없으면 사업 진행 시 수동적인 태도를 보일 수밖에 없어서, 사람 만나기를 귀찮아하고 혼자만의 시간을 즐기며, 일을 만들기보다 일이 만들어지기를 바라게 된다. 따라서 열정이 없는 사람도 창업하면 안 된다. 사업은 자기 주도적이고 능동적인 사람이 성공하기 쉬운 길이기 때문이다.

또한 '돈이 없어 사업을 하지 못한다'고 말하는 사람도 창업하면 안 된다. 국내 굴지의 그룹사 회장은, 돈이 없어서 사업을 못한다고 얘기하는 것은 핑계에 지나지 않다고 말했다. 본인 상황에 맞지 않게 허무맹랑한 사업계획을 세우니까 돈이 없다는 얘기가 나오는 것이다. 더불어 창업하려는 분야에 대한 지식과 경험이 없는 사람의 창업은 실패하기 위해 창업하는 것과 같다. 관련 분야의 수많은 사업자들이 경쟁하고 있는 상황에서, 열정과 자본 등에 의지해 창업하는 것처럼 무모한 짓도 없기 때문이다. 내가 알지 못하면 직원을 승복시킬 수 없고, 창업 후 새로이 알아가고 습득하기에는 경쟁자들과의 싸움이 너무 버겁다. 따라서 창업 전 관련분야의 지식과 경험을 충분히 숙지/습득하는 과정을 반드시 거쳐야 한다.

취업은 안 되고 사업이나 해볼까?

2020년 경제활동인구는 2801만 2000명으로 2019년 대비 17만 4000명이 감소했고, 취업자 수는 2690만 4000명인 반면, 실업자 수는 110만 8000으로 실업률이 4.0%를 기록했다. 특히 장시간 일자리가 감소하고 단시간 일자리가 증가하여 일자리의 질이 악화되었으며, 주당 평균 취업시간이 36시간 이상인 취업자는 2011만 2000명으로 확인되었다. 이에 반하여 36시간 미만 취업자는 595만6000명으로, 2019년 대비 55만4000명(10.3%) 증가했다. 또한 사업규모가 큰 자영업자가 감소하고 1인 사업자가 증가했으며, 직원이 있는 자영업자는 137만2000명으로 2019년 대비 16만5000명(−10.8%)이 감소했지만, 직원 없는 자영업자는 9만 명 증가했다. 이에 따라 실업률 감소를 위한 대안으로 정부에서 창업을 권장하고 있지만, 창업은 취업보다 더 실패위험요인이 많은 분야이다. 취업은 이미 구축되어 있는 조직과 시스템에 합류하여 담당업무만 수행하면 되지만, 창업은 창업자가 새롭게 조직과 시스템 등을 구축해야 하고, 세무/경영/홍보/영업 등 모든 분야를 이해하고 담당해야하기 때문이다. 그러므로 취업의 차선책으로 창업을 고려한다면 창업하지 말아야 한다. 창업환경에는 수많은 돌발변수가 상존하고, 창업자의 확고한 목표의식과 열정이 동반되어도 성공가능성이 낮기 때문이다.

직장에서 살아남는 법

항상성(恒常性)을 유지하라

프로선수와 아마추어선수의 가장 큰 차이점은, 프로선수는 대가(돈)를 받고 운동하지만, 아마추어선수는 대가(돈) 없이 운동한다는 점이다. 그래서 급여를 받는 직장인은 당연히 프로(professional)이며, 프로는 스스로 만든 이미지를 판매한다. 즉 주변인의 인식정도와 평가결과에 따라 승진과 탈락이 결정되고 사회적 지위와 소득이 변화한다. 따라서 '주변인에게 어떻게 인식되고 평가되어질 것인가?'는 매우 중요하며, 이미지를 각인시킬 수 있는 가장 용이한 방법이 항상성을 유지하는 것이다. '항상 일찍 출근하는 사람', '근면 성실한 직원', '신뢰할 수 있는 직원' 등의 이미지는, 언제나 변화하지 않는 항상성을 유지한 결과물이며, 구축된 이미지에 따라 평가결과에도 차이가 발생한다.

다른 사람이 관심 갖지 않는 업무의 달인이 되라

공식적으로 부서별 우선순위는 없지만 구성원들이 선호하는 부서는 항상 존재하고, 당연히 모든 구성원들이 인기부서에서 근무하기를 희망한다. 인기부서는 근무로 얻는 이익(승진코스/높은 연봉/낮은 업무강도/정년보장 등)이 많기 때문에, 항상 구성원들의 이목이 집중되고 견제와 질시가 동반되며 경쟁이 치열하다. 이에 반하여, 비인기 부서는 근무로 얻는 불이익(적은 승진인원/낮은 성과급/높은 업무강도 등)과 반비례하여 견제와 질시가 적고 경쟁도 치열하지 않다. 그럼에도 불구하고 조직에는 존재 이유가 없는 부서와 업무는 없기 때문에, 비인기 부서에서 담당업무를 수행해야 할 인원도 반드시 필요하다. 따라서, 다른 사람이 관심을 갖지 않아 경쟁이 치열하지 않은 업무의 전문가로 위치하면, 오히려 직장에서 정년까지 근무할 수 있는 조건을 갖출 수도 있다.

놀지 말고 실적을 만들어라

직장생활 패턴에 적응하고 업무에 익숙해지면 일정시점부터 타성(매너리즘)에 젖어 생활하는 경우가 많다. 즉 조직과 업무 속에 숨어 직장생활 자체를 즐기는 것이다. 그래서 특별히 바쁜 업무도 없고 고성과자(高成果者)의 실적을 부러워하지 않으면서, 지적받지 않을 정도의 결과물을 창출하고 업무강도를 조절한다. 이와 반대로 조직에는 항상 높은 성과를 시현하는 선두주자가 존재하고, 그들은 승진기회와 높은 연봉을 독차지하여 다른 사람들의 부러움을 산다. 따라서 기왕에 직장인의 삶을 전업으로 선택했다면, 선두주자들처럼 높은 직위와 연봉을 쟁취하려고 노력해야 하지 않을까?

업무에 엄격하라

사회/경제적으로 성공한 사람들과 일반인들의 차이점은, 성공한 사람들은 '자신에게 엄격하고 타인에게 관대'하지만, 일반인들은 '자신에게 관대하고 타인에게 엄격하다'는 것이다. 그래서 조직의 리더(Reader)들은 업무수행도 자기관리의 일환이라고 인식하여, 담당업무처리에 철저하고 엄격하며 책임감이 강하여 자연스레 높은 성과를 거둘 수밖에 없다. 그러므로 조직에서 살아남아 최고의 지위에 오르려면, 주변인들의 기대수준과 평가보다 담당업무에 더 엄격해야 한다.

원만한 인간관계를 경계하라

사회와 직장에서 성공하려면 대인관계가 원만해야 한다고 말하지만, 원만한 인간관계가 항상 좋은 것만은 아니다. 반대로 생각하면 분노하고 자기주장을 굽히지 않아야 할 때 침묵하고 굴종했다는 것이기 때문이다. 원칙과 소신을 훼손하는 인간관계가 오래갈 수 없고, 상사와 동료들의 평가가 우호적일 수 없다. 주장해야 할 때 맹렬하게 주장하고, 수긍해야 할 때 유연하게 수긍하는 자세가 필요한 이유이다.

나만의 '결정적 한방'을 만들어라

절실하면 초조하게 되고 초조하면 판단력이 흐려지며, 판단력이 흐려지면 실수하게 된다. 직장 이외의 대안(代案)이 없으면 직장생활 중 발생하는 수많은 돌발변수에 일희일비하고 초조해하게 된다. 그러므로 직장생활을 종료해야 할 경우를 가정하고 준비하는 나만의 경쟁력, 즉 나만의 '결정적 한방'을 만들어야 한다. 그리고 '결정적 한방'은 각자의 희망사항과 조건에 따라, 자격증/독보적인 업무숙련도/전문지식/부가적인 수입원/학위 등 다양한 모습이 될 수 있다.

2. 파종이 늦으면 결실도 늦다 〉〉〉

'이사님'에서 '아저씨'로…심리적 장애물을 제거하라

퇴직자 중에는 환경과 처지가 바뀌었음에도 불구하고, 현직에서 근무했을 때의 지위와 권력을 잊지 못하여, 스스로의 심리적 장애물을 제거하지 못하는 사람들이 의외로 많다. 즉 상황변화를 인정하지 않고 스스로를 내려놓지 못하는 것이다. 그래서 창업하여 점포를 개설하거나 회사를 설립한 뒤에도, 과거처럼 소비자와 거래당사자에게 우대받기를 희망한다. 그러나 소비자는 창업자의 과거를 모르고, 거래당사자는 궁금해 하지도 않으며 우대할 생각이 없다. 창업자가 대기업/관공서의 고위직이었다는 사실과, 구매/계약하는 제품과 서비스와는 상관관계가 없기 때문이다. 그래서 그들에게 창업자는 단지 '식당주인', '소기업 사장', '편의점주'에 불과하다. 그러므로 '이사님'은 과거의 지위이고 영광일 뿐이며, 현재는 식당과 편의점 등을 운영하는 '아저씨' 또는 계약을 부탁해야 하는 '소기업 사장'이라는 사실을 인정함으로써 스스로 심리적 장애물을 제거해야 한다. 회사에 신입사원으로 입사해서 수없이 인사하고 고개를 숙였듯이, 사업자로서 자신을 낮추고 겸손해야 생존할 수 있다.

창업역량을 분배하라

사람들은 의외로 자신이 좋아하는 것과 잘하는 것을 구분하지 못하는 경향이 있어서, 삶의 지향점과 방향성을 아예 설정하지 않거나 중도에 상실하는 경우가 많다. 더구나 구성원 간의 경쟁이 치열해지고 생존환경이 척박해지는 상황에서, 삶의 방향을 진지하게 고민하고 계획할 마음의 여유는 더욱 없다. 오히려 낙오되지 않기 위해서 다른 사람들보다 더 많이 배워야 하고, 인정받기 위해서 휴일 없이 야근과 휴일근무를 반복해야 하며, 자신이 좋아하고 잘하는 일과 분야가 무엇인지를 고민하지 말아야 한다. 그리고 그 결과 생존을 위한 삶 이외의 시간을 어떻게 사용할 것인가에 대한 고민과 계획은 생각하지도 못한다. 그래서 퇴직 또는 실직 후 사전준비와 계획 없이 무작정 창업하여 대다수가 1년 이내에 실패를 경험한다.

한 분야에서 전문가로서 인정받으려면 최소한 10여 년의 시간을 투자해야 하는데(일만 시간의 법칙), 40~50대 창업자가 업무와 연관된 창업이 아닌 이상 관련 분야 전문가로 인정받기에는 물리적으로 한계가 있다. 그러므로 창업은 재직 중 준비해서 퇴직 후 또는 자신이 정한 특정시점에 실행해야 한다. 따라서 자신의 보유역량을 100%로 가정한 뒤, 입사시점부터 퇴사시점까지 기간을 분배하여 기간별로 보유역량을 적절하게 안분해야 한다. 예를 들어, 총 근무기간을 25년으로 가정(假定)하면, 입사시점 기준 10년의 재직기간에는 업무수행 95% / 창업 준비 5%의 비율로 보유역량을 사용하고, 재직 10년부터 20년의 기간에는 업무수행 80% / 창업 준비 20%의 역량을 투여하며, 20년에서 퇴직시점까지는 업무수행 70% / 창업 준비 30%의 비율로 관심과 노력 정도를 조정해야 한다.

내 돈은 언제 투자해야 할까?

창업과정에서 창업자가 겪는 가장 큰 애로사항은 창업자금 부족으로, 소자본 아이디어창업자의 가장 큰 장애요인이다. 따라서 보유자금의 투자규모를 결정하는 일과, 적정한 투자시기를 판단하는 일은 사업화의 성패를 좌우하는 중요한 요인이 될 수 있다. 그러므로 자금운용시기와 투자비율은 보수적이고 소극적으로 결정해야 한다.

예를 들어, 가용자금 3천만 원(100%)으로 '단순 디자인의 플라스틱 생활용품 제작'을 기획한다면, 투자금의 운용과 규모는 다음과 같이 설계되어야 한다. 즉 Ⓐ계획(아이디어창출/아이템선정)단계 - 5만 원(0.2%), Ⓑ시장조사단계 - 10만 원~25만 원(0.3%~0.8%), Ⓒ목업(Mockup) 제작단계 - 20만 원~30만 원(0.7%~1%), Ⓓ시제품 제작단계 - 150만 원~350만 원(5%~12%), Ⓔ판로개척단계 - 150만 원~190만 원(5%~6%), Ⓕ생산단계 - 2천 4백만 원(80%)의 비율로 진행되어야 창업자의 보유자금을 최소화하면서 가용자금을 최대한 효율적으로 사용할 수 있다.

아이디어 창출과 아이템 선정은 창업 전 확정되어야하기 때문에, 특별한 비용지출요인이 발생하지 않고, 관련분야 시장조사와 목업/시제품 제작은 정부지원사업(리서치시장 조사사업/창업맞춤형 · 창업화 지원사업 등)을 활용하면 지원금의 약 10% 내에서 자비부담금으로 진행이 가능하다. 또한 판로개척비용도 정부에서 지원(마케팅지원사업 등)하는 사업을 활용하면 방송진행비용만 부담하고 TV홈쇼핑방송 판매도 가능하다. 다만 정부지원사업은 생산비용을 지원하지 않으므로 자부담하여 생산하거나, 기술보증기금 또는 신용보증기금 등에서 융자받아 생산해야 한다.

[단계별 사업화 과정]

희망 창업분야 선택
- 좋아하고 잘하는 분야
- 보유기술/지식의 활용이 가능한 분야
- 즐겁고 재미있는 아이템

⇨ **선택 창업분야 시장조사**
- 시장규모/성장가능성
- 경쟁자/경쟁구도 분석
  - 접점경쟁자 파악/분석
- 지속가능성/수익구조

⇨ **창업자금 산정**
- 가용자금 규모 파악
  - 보유/예비자금 규모
  - 동원가능 자금 규모
- 항목별 비용 예측/산정

⇨ **차별화/경쟁력 확보**
- 접점경쟁자 확인/분석
  - 장/단점 세부분석
  - 시장점유율/추이분석
- 자기경쟁력 검증/강화

⇨ **사업화 실행**
- 사업장/사무실 확보
- 납품/공급계약서 체결
- 인력채용/교육/조직구축
- 시스템 가동/보완점검

⇨ **영업/서비스 제공**
- 영업망 구축/마케팅
  - 거래처 확보/가격책정
- 제품생산/서비스 제공
- 브랜드 구축/홍보 · 광고

⇨ **보완/수정/확대**
- 상품/서비스검증
  - 약점보완/수정
  - 장점극대화/영역확대
- 신제품개발/협업강화

[단계별 실천사항]

아이디어 발상	아이디어 숙성	아이템 개발
• 메모/기록 • 기술/아이디어 구체화 • 자기검증 – 보완/수정/개선	• 선행기술조사 • 등록특허조사 • 경쟁자 분석 – 장/단점, 차별성	• 사전시장조사 – 상품/서비스 • 사업방향 설정 – 틈새시장 공략
자금수지계산	**정부지원사업 신청**	**창업**
• 가용자금 확인 – 내부/외부자금 – 지출비용 추정 – 기간별 지출계획	• 사업품목/분야별 – 마케팅/시제품 제작 – 대출/보증/협업지원 – 지식재산/해외진출	• 사업계획서 작성 • 직원채용/교육 • 사업자 등록/영업 • 사무실/점포계약

틈새시장이란 이런 것이다

창업컨설턴트 등의 전문가들에게 창업아이템을 문의하면 '틈새시장'을 공략할 수 있는 아이템을 찾으라고 조언한다. 그럼 과연 틈새시장은 무엇이며 존재하는 것인지, 문의자는 궁금할 수밖에 없다. 조언대로 틈새시장은 존재하고 틈새시장을 공략할 수 있는 아이템도 존재한다. 다만 어떤 방법과 방식으로 틈새시장 아이템을 찾느냐가 문제일 뿐이다. 그래서 창업자에게는 관심분야를 지속적으로 관찰하고, 불편함을 발견하여 개선하려는 노력이 필요하다.

틈새시장은 다른 사람이 관심을 갖지 않는 분야 또는 중요하게 생각하지 않는 분야에서 발견하기 쉽고, 틈새시장 아이템은 기존 시장이 충족하지 못하는 불편함에 기인한다. 소비자의 불편함을 해소하여 큰 수익을 거두는 대표적 사례로, 노량진수산시장에서 상인을 대상으로 칼을 갈아주는 사람을 들 수 있다. 노량진수산시장의 상인들이 가장 많이 사용하는 도구가 '칼(식도)'인데, 무뎌진 칼날을 교정해 주는 칼갈이전문가 중에는 월 약 3천만 원의 매출액을 달성하는 사람도 있다고 한다. 칼날교정과 함께 직접 칼(식도)을 제작하고 판매하여 달성하는 금액이라고 한다. 수산시장의 대표상품은 수산물이지만 수산시장 상인이 사용하는 칼(식도)을 상품으로 하는 틈새시장과, 칼날을 교정해야 하는 불편함이 틈새시장 아이템으로 존재하는 것이다. 비록 시장규모가 한정적이고 1회당 수입 수수료가 저렴하지만, 수산시장상인에게는 칼날교정이 필요하고 식도 구입이 필수적이기 때문에 치열한 경쟁 없이 매월 큰 수익을 거둘 수 있는 것이다.

또한 다른 사람이 관심을 갖지 않는 분야를 개척하여 수익을 창출하는 대표적인 사례로 어린이 선글라스 아이템으로 전 세계 43개국 3천 개 매장을 개설한 가정주부를 예로 들 수 있다. 2011년 창업한 미국 선글라스 브랜드 베이비에이터(Babiators)의 창업자 몰리 피에닝은,

비행장의 뜨거운 태양 아래서 아이들과 함께 전투기조종사인 남편을 기다리면서 자신만 선글라스를 착용하고 있다는 사실을 깨닫고, 아이들에게 최적화(친환경 고무 재질의 프레임 + 특수 고무밴드 부착 + 100% 자외선 차단 + 연령대별 제품 세분화 + 21가지 종류의 디자인과 색상 + 1년 무상 교체)된 선글라스를 제작하여 판매함으로서, 창업 6년 만에 약 4700만 달러(약 514억 원)의 매출을 기록하였다.

정기적으로 칼을 갈아야 한다는 작은 불편함을 해소하고, 아이들 영역으로 생각하고 관심을 갖지 않는 분야를 세심하게 관찰한 덕분에, 틈새시장을 발견하고 개척하여 큰 수익을 창출할 수 있게 된 것이다. 틈새시장 아이템의 발견을 일상생활 주변에서 시작해야 하는 중요한 이유를 이러한 사례들이 증명하고 있다.

소비자는 변덕쟁이다

1978년경 미국 노스웨스턴 대학교의 사회심리학자 필립 브릭먼(Philip Brickman) 연구팀은, 복권 일등 당첨자들의 행복지수가 당첨 초기에는 높았다가 급속도로 저하된다는 사실을 조사를 통해 발견했는데, 그 주된 이유는 당첨자들의 행복에 대한 기준이 크게 상승했기 때문이었다. 즉 예전에 행복감을 느꼈던 음식/의류 등을 통한 만족감이 저하된 것이다. 브릭먼은 이런 현상을 '행복의 쳇바퀴'(hedonic treadmill)라고 명명했는데, 과거에 기쁨을 느꼈던 상황을 현재는 당연하게 생각하는 심리적 메커니즘(mechanism)을 의미한다. 이와 같이 소비자는 구매하여 만족했던 상품에 대해 구매 초기에는 만족감을 갖지만, 이후 상품에 대한 만족감이 저하되어 금방 싫증낸다. 따라서 창업 이후 기업 경쟁력을 유지하기 위해서는 기능과 디자인을 개선하고, 신규모델 출시 등의 후속적인 연구개발 활동이 지속적으로 필요하다.

시장에서의 위치선정(positioning)이 중요하다.

체감온도가 약 35℃를 넘어가는 일요일 오후 3시경에, 서울 강남구 청담동에서 핸드마이크를 들고 연신 '칼 갈아요'를 외치는 사람을 목격했다. 약 10여 분을 지켜보면서 부유층이 많이 거주하는 청담동에서 주방용 칼을 갈아서 사용하는 가구나 얼마나 될까 궁금했고, 햇볕 따가운 휴일 오후에 집밖으로 과연 몇 명이 나올까 하는 의구심이 들었다.

칼을 가는 수요가 많은 곳은 음식점 등이 밀집된 상가지역이 될 것이고, 주말에 휴식하는 점포가 많은 일요일보다는 영업하는 주중에 홍보/영업해야 매출이 증가할 것이다. 목표시장을 선택한 뒤 선택한 시장에서 어떻게 위치해야 하는가의 중요성이 여기에 있다. 즉 목표 고객을 잘못 선정하고 고객에게 어떻게 접근해야 하는가를 모르면, 일요일 오후의 칼갈이 사업자처럼 시장선택의 오류를 범하게 된다. 또한 과거에는 칼을 갈 수 있는 기계가 없었기 때문에 칼갈이 수요가 존재했지만, 현재는 일반가정에서도 쉽게 칼갈이 기계와 도구 등을 저렴하게 구매할 수 있어서 과거처럼 칼갈이를 의뢰할 필요성을 느끼지 않는다. 이와 같이 사회 흐름과 트렌드 변화에 능동적으로 대처하지 못하면 경쟁에서 낙오될 수밖에 없다.

점포창업 Tip

창업 시 점검사항

점포창업시, 가장 중요하게 고려하고 점검해야 할 사항은 '입지'이다. '점포창업의 성패는 입지에 좌우된다'라는 말이 있듯이, 점포 위치에 따라 매출액에 차이가 발생하기 때문이다. '입지'를 결정할 때는 점포가 위치한 주변상권 현황을 먼저 확인해야 하는데, 시간대별 유동

인구/연령층/소득수준/주변 환경(예 – 학교, 공장, 유흥가 등)/소비자 특징(사무직, 노동직 등)/업종과의 부합도 등을 사전에 확인해야 한다.

이와 같이 사전조사가 진행된 후에는 점포와 관련된 사항을 점검해야 한다. 법적 분쟁 및 권리침해 여부/임대조건/계약자와 소유자 일치 여부/재개발·도시계획 여부 등의 사항을, 등기부등본/토지대장/가옥·건축물대장/도시계획확인원 등의 서류를 발급받아 확인하고, 임대인의 성향과 평판 등을 주변상권 점포주와 주변인들로부터 청취해야 한다.

임대차계약은 사전검증절차가 마무리된 뒤에 진행해야 하며, 소유자와 직접 계약해야 하고, 대리인을 통해 계약해야 한다면, 반드시 소유자가 작성한 위임장(자필서명/인적사항–주소, 주민등록번호/연월일 포함)과 인감증명서를 첨부하도록 해야 한다.

사업아이템은 주체적으로 선정해야 한다.

‘어디 창업할 만한 사업아이템 없어요?’, ‘소자본으로 수익률이 높은 아이템이 뭐죠?’

이와 같이 주변인에게 아이템 발굴을 위탁하는 예비창업자가 의외로 많다. 아이템 발굴이 쉽지 않고 시장상황에 대해 무지(無知)하기 때문이다. 하지만 창업자는 사업 전체의 계획과 진행에 있어 주도자가 되어야 한다. 즉 컨설턴트와 기존사업자 등에게 아이템 선정을 의뢰한다는 것은, 창업자에게 목표의식과 창업철학이 없다는 것을 의미하며, 아이템 선정에 따른 책임과 실패위험을 전가(轉嫁)하려는 의도가 반영된 것이다.

사업은 자기 주도적이어야 한다. 그래서 사업자가 주체적으로 사업화 전 과정을 주도해야 하며, 성공과 실패에 따른 책임도 온전히 사업자가 부담해야 한다. 자기 주도적이지 않으면 애정과 관심이 없고, 위기의식을 갖지 않으면 개선과 경쟁력을 기대할 수 없어 실패할 수밖에 없다. 더구나 창업은 창업자의 자본과 시간 등이 투자되는 중요한 결정사항이다.

점포창업, 맛/서비스/위생/인테리어

소비자 관점에서 상품과 서비스를 관찰하면 절대 실패가 없다. 성공한 사업자들이 항상 긴장하고 지속적으로 영업환경을 점검하는 것과 달리, 손님이 없는 사업장의 사업자는 손님 탓만 한다. 즉 문전성시를 이루는 사업장은 맛/서비스/위생/인테리어 등의 구성요건이 모두 소비자로 하여금 만족감을 갖게 하지만, 손님이 없는 사업장은 입구부터 청결상태가 불량하고 상품과 서비스 수준이 낮다. 돈을 지불하고 상품과 서비스를 구매하는 소비자 입장에서, 더구나 다른 매장을 선택할 수 있는 선택지(選擇肢)가 많은 소비자라면, 당연히 지불하려는 금전적 가치에 비례하는 반대급부를 희망할 것이다. 모(某) 대기업의 회장은 방문하는 기업의 화장실 청결상태를 기준으로 거래계약을 체결했다고 한다. 구성원들이 사용하는 화장실의 청결상태가 불량한 회사는, 상품과 서비스도 불량이라는 본인의 가치관을 적용한 것이다. 사업자가 긴장의 끈을 놓지 않고 수시로 점검해야 할 사항이 많은 이유이다.

일반음식점을 예로 들면, 대부분의 사업자들이 맛과 인테리어 등에 관심을 집중하는 반면, 소비자들은 청결상태도 중시한다는 조사결과가 있다. 즉 위생 상태를 조리환경 청결상태, 식재료 유통기한, 요리사 청결상태, 반찬 재사용 여부, 식재료 보관환경, 조리도구 청결상태, 식재료 세척상태, 식기 청결상태, 원산지 순서로 판단하고, 후순위로 모범음식점으로 선정된 식당과 인테리어가 깔끔한 식당을 안전하고 위생적인 음식점으로 판단한다고 한다. 음식이 맛있어도 숟가락에 얼룩이 묻어 있거나 물컵에 고춧가루가 붙어 있으면, 고객은 맛을 기억하는 것이 아니라 불쾌했던 사업자의 실수를 기억하고 발걸음을 끊는다.

그러므로 사업자는 고객의 눈으로 사업장을 살펴야 한다. 매장구석에 쌓여서 방치되고 있는 식재료와, 빈병과 휴지박스 등의 소모품 등은 항상 소비자에게 불쾌감을 갖게 한다. 그리고 제대로 세척되지 않은 숟가락과 젓가락, 물때가 제거되지 않은 물컵, 국물자국과 음식물로 오염된 앞치마 등은 사업자에게는 사소한 실수일 수 있지만, 소비자들에게는 재방문 여부를 결정하는 중요한 요인으로 작용한다. 따라서 사업자는 항상 긴장해야 하고, 소비자 관점에서 상품과 서비스를 점검해야 하며, 소비자가 식상함을 갖지 않도록 지속적으로 내/외부환경을 개선해야 한다. 사업자가 소비자가 되어 생각하고 행동하면, 실패가능성도 시각차이만큼 줄어들 수밖에 없다.

항상 웃어라, 그러나 마냥 웃지 말라

웃으면 복이 온다는 뜻의 소문만복래(笑門萬福來)의 격언처럼, 긍정적인 사고방식과 태도를 유지하는 삶은 행복하다. 성공은 긍정의 에너지에서 출발하기 때문이다. 중소기업 경영자들의 일과 대부분이 사람을 만나는 일이라는 조사결과와 같이, 경영자들은 사업을 포함한 모든 일이 사람에서 비롯되고, 사람에 의해 완성된다는 사실을 알고 있는 것이다. 따라서 사업자가 상대방에게 신뢰감을 부여하는 일은 매우 중요하다. 단순한 친분유지 목적의 만남이 아니라 이익추구를 목적한 사업적 만남이기 때문이다. 그리고 신뢰감은 긍정적인 사고방식과 정직한 태도를 갖출 때 생성되며, 긍정적 사고방식을 보유한 사람은 상대방에 친절하고 배려심이 많고 항상 웃는다. 그래서 마땅히 사업자라면 항상 웃어야 한다. 다만 실력이 갖춰지지 않은 사람의 웃음은 무능력을 감추는 가식적인 행동으로 인식되어 신뢰감을 저하하는 요인이 될 수 있다. 그러므로 신뢰감을 높이려면 상대방의 기대수준에 부합하는 지식과 경험을 먼저 보유해야 한다.

나도 다른 매장에서는 소비자다

매출이 낮은 매장의 다양한 매출하락 요인 중 하나로 서비스의 부재(不在)를 들 수 있다. 따라서 사업자는 소비자 관점에서 자신의 상품과 서비스를 관찰할 필요가 있다. 매출이 부진한 사업자일수록 판매자관점에서 자신의 상품과 서비스를 관찰하기 때문이다. 즉 사업자 자신이 다른 매장에서 구매하면서 느꼈던 불만과 아쉬움을 정작 자신의 매장에는 반영하지 못하는 것이다. 따라서 매출이 하락하고 방문고객이 감소하면, 사업자 스스로가 매장을 방문하는 소비자가 되어 상품과 서비스를 객관적으로 점검해야 한다. 만약 객관적인 시각을 유지할 수 없다면, 제3자를 고용하여 평가하게 할 수도 있고, 방문고객을 대상으로 청문(聽聞)하여 감소요인을 파악할 수도 있다.

'나도 소비자다'라는 의식을 가지면, 경쟁자를 객관적으로 파악할 수 있는 시각이 생기고, 본인이 제공하는 상품과 서비스를 냉정하게 평가할 수 있다. 칭기즈칸은 성을 쌓으면 망한다고 하였다. 성을 쌓지 말고 계속해서 움직여야 살아남을 수 있다는 것이다. 만약에 기병 위주의 몽골군이 성을 쌓고 그 안에 머물렀다면, 역사상 가장 거대한 영토를 점령했던 역사는 달성되지 못했을 것이다. 그러므로 사업자는 자신이 만든 틀(상품/서비스/매장분위기/근무환경 등) 안에 머물러서는 안되며 항상 깨어 있어야 한다. 제공하는 상품과 서비스에 소비자보다 더 불만족하고, 소비자 반응에 과민하게 대응해야 하며, 끊임없이 상황과 환경을 개선하려고 노력해야 한다. 물이 고이면 썩듯이 사업도 흐르지 않으면 망한다.

수시로 판매아이템을 점검하라

소비자가 전문점으로 인식할 수 있도록 단일 카테고리 상품만 판매하는 전략도 중요하지만, 소비자의 관심과 기호가 변화함에도 불구하고 동일 방식과 동일 아이템만을 고집하는 경영방식은 실패가능성을 높일 수 있다. 따라서 수시로 판매하는 아이템이 소비 트렌드에 부합하는가를 점검해야 하고, 유행에 뒤처지거나 주요 고객의 관심에서 멀어지고 있음을 확인하였다면 과감하게 업종 또는 아이템 변경을 시도해야 한다.

예를 들어, 한식음식점에서 일 매출 100만 원인 비빔밥과 1만 원인 냉면을 판매하고 있다면 메뉴의 다양성을 포기하더라도 냉면은 메뉴에서 제외해야 한다. 1만 원의 매출을 달성하기 위해 1만 원 이상의 재료와 인건비가 투여되어야하기 때문이다. 대안으로 매출이 높은 비빔밥 종류를 확대하거나, 한식업과 관련된 잡채/불고기 등의 새로운 메뉴를 개발/판매하는 전략이 더 수익률을 높일 수 있고 효율적이다. 그래서 너무 빠른 아이템 전환도 문제지만 시류에 역행하는 아이템 고수도 문제이다. 판매하지 못한 상품은 상품가치가 없고, 구매자를 거스르는 경영전략은 실패할 수밖에 없다. 거래주도권이 소비자에게 있기 때문이다.

자만하지 말라

창업자가 가장 주의해야 할 마음가짐은 자신감에 도취되는 것이다. 즉 지나친 자신감에 사로잡혀 창업을 쉽게 생각하는 마음가짐을 경계해야 한다. 관찰자 입장에서 냉정하게 생각해 보면, 이미 수많은 창업자가 동일분야에서 먼저 창업했고, 그들도 실패하기 위해 창업하지는 않았다는 것이다. 그래서 성공의 노하우를 모두 알고 있는 듯이 생각하고 행동하는 창업자의 자세처럼 실패가능성을 높이는 위험한 요인도 없다.

사업계획서 작성방법

사업계획서는 구체적이고 세부적이어야 한다. 즉, 모호한 목표를 개략적인 수치로 표시하는 계획서가 아니라, 명확한 목표를 정확한 수치로 표현하는 계획서가 작성되어야 한다. 예를 들면, '전국 다슬기 전문식당에 다슬기를 공급하겠다.'가 아닌, '전국 2,300개 다슬기전문 식당 중 1,800개 식당에 매월 1회씩 공급하여 매월 1,000만 원의 수익을 창출하겠다.'가 되어야 한다. 이와 같이 구체적인 대전제(大前提)가가 설정되면, 달성을 위한 세부계획은 비교적 용이하게 작성할 수 있다.

또한 사업계획서는 항목별로 종류를 달리하여 작성되어야 하고, 월/분기/반기/연도별로 수익/지출/손익금액을 명확히 설정해야 한다. 더불어 수익계획/비용지출계획/돌발변수계획 등으로 세분화하여 작성해야, 실행가능성이 높아지고 상황변화에 능동적으로 대처할 수 있으며, 기간별 목표와 달성률을 비교/수정할 수 있어서 현장상황이 수시로 반영되는 계획수립이 가능하다.

[수익계획표 예]

[수익/지출계획 수정방법]

구분	1월	2월	3월
수입	500	600	700
지출	200	300	400
손익	300	300	300

수익/지출계획서 작성
1. 고정/유동 수익 확인
2. 주력/보조 아이템 구분
3. 고정/유동 비용 구분

➡

구분	1월	2월
손익	300	300
목표	300	400
비율	100%	75%

월별 목표 대 실적 확인
1. 아이템 별 손익 산출
2. 지출내역확인/타당성 검토

➡

개선안	3월
손익	-50
목표	-50
변동율	0%

개선안 도출
1. 손익구조 분석
 - 매출/수익감소요인 확인
 - 비용지출요인 점검
2. 내/외부 변동사항 분석
3. 목표 수정/약점 보완

➡

구분	1월	2월	3월
수입	500	600	650
지출	200	300	350
손익	300	300	300

개선안 반영/수정
1. 환경변화 반영
 - 트렌드/상권 변화
 - 원가상승/경쟁자 출현
 - 돌발변수/비용 발생

경쟁력 있는 창업방법

성공적인 창업의 필수조건은 창업 경쟁력을 확보하는 것이다. 경쟁자와 차별화되지 않고 판매자와 소비자가 주목하지 않는 제품과 서비스는 경쟁력을 확보할 수 없다. 그러므로 창업아이디어는 창업자를 포함한 소비자와 판매자의 객관적인 검증과정을 갖는 숙성과정이 필요하며, 사업화 진행단계별로 수정과 개선 및 혁신이 시도되어야 한다. 소비자가 외면하는 제품과 서비스는 판매를 통해 수익창출을 목표하는 창업목적과도 배치된다.

[경쟁력 있는 창업]

창업아이템 찾는 방법

창업아이템 개발방법

대부분의 창업자가 갖는 가장 큰 고민사항은 '어떤 경쟁력 있는 아이템으로 창업할 것인가?'로, 어떤 아이템을 선정하느냐에 따라 사업의 성패가 결정되기 때문이다. 따라서 창업아이템의 선정에는 '경쟁자와 다른 그 무엇'이 담겨져야 하며, '그 무엇'은 곧 내부역량을 강화하고 외부자원을 차용하는 방법으로 확보해야 한다.

[창업아이템 개발방법]

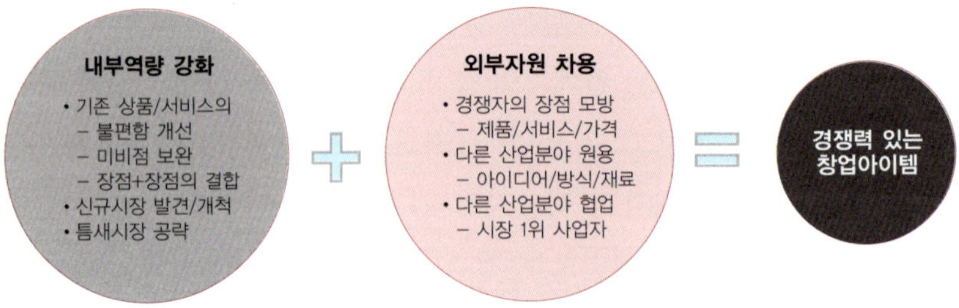

기존방식을 비틀어 새로운 가치를 부여하라

중국음식점의 짬뽕과 자장면은 왜 항상 빨간색과 검은색이어야 하는가? 피자토핑 재료는 치즈/새우/감자/소고기 등으로 한정적이어야 하는가? 전기용품은 유선만 가능한가? 와 같이, 기존 사업자의 사업방식과 상품에 끊임없이 의문을 제기하면, 개선안이 도출되고 새로운 아이템이 발상된다. 즉 유명음식점과 시장 1위 상품의 비결은 경쟁자와 동일한 아이템지만 기술/재료/제조방식 등에서 명확하게 차별화되어 있다는 점이다. 그러므로 기존 상품과 서비스를 비틀어(변경하여), 자신만의 제조방식과 재료와 기술 등으로 새로운 가치를 부여하면, 신규아이템으로서의 경쟁력을 갖출 수 있다.

수시로 메모하고 개선하라

불현듯 떠오른 기발한 생각과 아이디어를 즉시 메모해야 한다. 생각과 아이디어는 다양한 상황과 환경 속에서 망각되고 왜곡되기 때문이다. 그리고 메모한 생각과 아이디어를 되새김하여 검증하고 개선하면 새로운 사업아이템을 확보할 수 있다. 즉, 아이디어의 실현가능성/경제성/개발기간/차별성 등을 확인한 뒤, 시장상황(기존상품 존재 유무, 경쟁정도 등)과, 창업자 환경(가용자금, 보유기술, 조직 등)에 부합하도록 수정(규모축소, 메뉴/기능/디자인 단순화 등)하고, 개선(품질제고, 가격조정, 판매방식변경, 목표고객 재설정 등)하여, 자신만의 사업화아이템으로 재창조하는 것이다.

틈새시장 속에서 발견하라

틈새시장은 창업자를 둘러싼 환경(생활반경, 보유지식과 정보, 인적네트워크, 주거/업무지역 등) 안에 존재하며, 틈새시장을 공략할 수 있는 아이디어와 아이템은 틈새시장 안에 존재한다. 그러므로 다른 분야/지역/계층의 사람들에게서 창업아이템과 아이디어를 찾으려고 하면 안 된다. 즉 전통시장에서 장사하면 전통시장 안에서, 유통업은 판매채널(판로) 안에서, 제조업은 공장과 제조과정 속에서 틈새시장을 찾아야 한다. 또한 창업자에게 익숙하고 친근한 분야와 환경 안에서 발견하는 아이디어와 아이템은 경쟁력도 높다.

[틈새시장 창업아이템 사례]

[공부 전용공간 제공]

[한국인 여행자만의 민박]

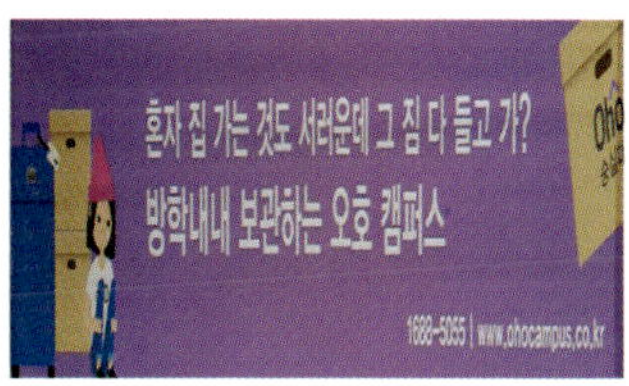

[방학 중 생활용품 보관]

보유자금 한도 내에서 찾아라

창업자의 가용자금 한도 내에서 사업아이템을 찾아야 경쟁력이 있고 단기간에 사업화가 가능하다. 즉 500만 원의 창업자금이 있으면 500만 원으로 사업화할 수 있는 아이템에 관심을 갖게 되고, 5,000만 원을 보유하고 있으면 5,000만 원 내의 아이템에 집중하게 됨으로써, 한도초과에 따른 실현가능성이 낮고 비현실적이며 위험부담이 높은 아이템 선택을 지양하게 된다.

기존상품의 장/단점을 극복하라

기존상품의 장점을 모방하고 단점을 극복하면 자연스럽게 사업아이템을 도출할 수 있다. 즉 기존상품을 극복하는 개선된 상품으로 새로운 수익을 창출할 수 있고, 기 출시된 상품에 대한 높은 인식도 때문에 소비자의 거부감도 낮아서 적은 비용으로 사업화가 가능하다. 또한 방식과 재료 등을 변경하여 새로운 상품을 만드는 방법보다 비교적 쉽게 상품화가 가능하여, 신규시장 창출을 고민하지 않아도 된다는 장점이 있다. 예를 들면, 달걀/단무지/나물/맛살 등 소비자에게 익숙한 속재료로 만드는 일반김밥을 개선하여, 참치김밥/멸치김밥/불고기김밥/명란젓김밥을 만들고, 모양과 방법을 다르게 하여 누드김밥/충무김밥/꼬마김밥 등을 출시하는 방식이다.

소비자와 관심분야를 세분화하라

여성/영유아/청소년/직장인/육아/건강/취미생활/기호품 등 소비자의 기호와 관심에 따라 공략하려는 소비자를 세분화하고 사업분야를 축소해서 관찰하면, 사업화하기 용이한 사업아이템이 보인다. 즉 아이템의 범주(category)를 축소하여 관심분야를 관찰하면, 소비자의 불편함과 요구사항을 파악할 수 있어서 사업아이템 선정이 쉽다. 예를 들면, 여성용 질 세정제/영아용 이유식/군용 장난감/캠핑용 화로 등이 소비자를 세분화한 상품들이다.

사회흐름과 트렌드 변화를 관찰하라

사람들의 가치관과 유행 등은 고정적이지 않고 수시로 변화한다. 따라서 변화추이를 관찰하고 변화가 지향하는 방향을 읽으면 아이템이 보인다. 예를 들면, 반려동물산업은 무한경쟁 환경 속에서 신체적/정신적으로 지친 사람들의 정서적 휴식과 위안욕구가 증가하면서 폭발적으로 성장하고 있다. 따라서 향후 반려동물산업이 어떻게 발전하고 변화할 것인가를 예측한 뒤, 기존아이템을 세분화(건강한 피부/장/관절/체중용 애견사료)하거나 개선(애견용 돼지/오리/닭안심 스테이크)하면 사업화아이템을 발견하기 어렵지 않다.

[반려동물용 기능성 사료와 스테이크]

반려동물의 관절/피부/장 건강을 위한 자료

반려동물용 스테이크

장사해서 살아남는 법

하나의 카테고리(category)로 좁고 깊게 가져가라

점포크기가 큰 대형매장은 다양한 종류의 상품을 구비하는 방식이 유리하지만, 소형매장은 반대로 상품종류를 한정하는 방식이 효율적이다. 대형매장은 다양한 소비자층의 수요를 충족해야 하지만, 소형매장은 특정 소비자층만 공략하면 되기 때문이다. 그러므로 소규모 창업자의 창업전략은 '상품 카테고리를 좁고 깊게 가져가는 방식'이어야 한다. TV 프로그램에서 유명한 골목빵집으로 소개된 우뭇가사리

물을 사용하는 감자샐러드식빵전문 빵집, 알로에를 사용하는 식빵전문 빵집, 군고구마를 섞은 팥소를 사용하는 식빵전문 빵집 등의 공통점은, 다른 사람이 사용하지 않는 재료를 사용하여 차별화한 점과, 식빵이라는 단일메뉴로 상품종류를 좁혀서 전문화하였다는 점이다. 즉 소규모 매장에서 다양한 종류의 빵을 제조할 수 없다는 한계를 인식하고, 보유한 가용자원과 능력 범위 내에서 식빵 한 종류만을 특화한 것이다.

어설픈 눈속임을 경계하라

소비자는 바보가 아니다. 따라서 자신이 속았다는 사실을 알면 무섭게 분노하고, 분노에 따른 부정적 감정을 주변인들에게 적극적으로 전파한다. 그러므로 판매자는 소비자가 간파할 수 있는 눈속임을 철저하게 지양해야 한다. 예를 들면, 채 읽기도 전에 화면이 바뀌는 홈쇼핑방송 중의 소비자 고지사항, 깨알처럼 작은 글씨의 상품 및 서비스 주의사항, 판매가격 39,900원 상품을 3만 원대 상품이라고 홍보하는 행태 등이 대표적이다. 이와 같이 소비자를 바보로 생각하고 어설픈 눈속임을 시도하면, 총명한 소비자는 상품을 불매(不買)하고 부정적인 정보를 전파하여 반드시 그 대가를 되돌려 준다.

고객을 차별하라

매장에 입장하는 모든 고객에게 동일한 제품과 서비스를 제공하려고 하지 말고, 목표하는 특정고객만을 더욱 우대하여 충성고객으로 만드는 방법도 전략적으로 고려할 만하다. 즉 고객을 일반고객과 우대고객으로 구분한 뒤, 제공하는 제품과 서비스 종류를 달리하는 방식이다. 예를 들면, 예약제/전용좌석/차등할인율 적용/이벤트행사 초청 등의 특별한 서비스를 우대고객에게만 적용하는 방식이다. 이를 통해 일반고객에게는 우대고객으로의 승격에 대한 열망을 유발하고,

우대고객에게는 차별화에 따른 자부심을 부여하는 효과를 얻을 수 있다. 단, 고객구분 기준은 모든 고객이 동의하는 기준이 아닌, 창업자의 일방적인 선별기준에 근거해야 한다. 차별화방안 자체가 이미 불평등을 전제로 실행되기 때문이다.

고객의 눈으로 매장을 보라

식사하기 위해 매장에 입장했는데 식탁 옆에 냅킨 등의 소모품 박스가 쌓여 있다면? 좌식용 방석이 불순물로 뒤덮여서 시커멓게 변색되어 있다면?, 신발을 벗고 올라선 바닥이 기름으로 미끄럽다면? 서빙(serving)하는 종업원의 유니폼이 음식물 자국으로 오염되어 있다면? 그릇과 숟가락 등이 제대로 세척되지 않은 상태라면?

고객은 까다롭고 변덕스러우며 쉽게 화를 잘 낸다. 그리고 그들에게는 매장을 선택할 수 있는 선택지가 많다. 고객의 눈으로 매장을 바라봐야 하는 이유가 여기에 있다. 따라서 창업자는 항상 긴장해야 하며, 고객 입장에서 객관적으로 자신의 제품과 서비스와 매장환경 등을 점검해야 한다. 그리고 만약 점검과정 중 객관성을 유지할 수 없다면, 지인 등 주변인에게 부탁하여 검증하거나, 방문고객 1인당 1개의 문제점을 도출하도록 검증을 유도하는 방법도 유효하다.

청결하라

고객은 정당하게 돈을 지불하고 제품과 서비스를 구매하기 때문에, 지불한 돈의 가치보다 많은 욕구가 충족되기를 기대하며 매장을 방문한다. 그래서 고객이 제품과 서비스를 구매하기 전 가장 먼저 인식하는 청결상태는 무엇보다 중요하다. 첫인상에 따라 제품과 서비스에 대한 평가도 달라지기 때문이다. 따라서 창업자의 최우선 점검사항은 매장 청결상태가 되어야 한다.

상황에 맞게 영업하라

유동인구가 적은 입지이고 소규모 점포이며 메뉴가 단순하여 경쟁력이 없다고 생각하면 오산(誤算)이다. 점포창업의 성공을 좌우하는 요인 중 점포입지와 규모 및 아이템이 매우 중요하지만, 성공과 실패를 결정하는 절대적 조건은 아니다. 오히려 어떻게 약점을 강점으로 승화시키느냐에 따라 약점이 강력한 경쟁력이 될 수도 있다. 즉 구전효과를 통해 고객이 찾아오도록 만들어서 불리한 입지조건을 극복하고, 예약제 운영으로 점포크기의 불리함을 희석하며, 전문점이미지 전파로 적은 메뉴의 한계를 상쇄하는 것이다. 창업환경의 불리함이 반드시 부정적인 효과만을 초래하는 것이 아니다.

자리(점포위치)가 생명이다

누구나 점포자리가 좋지 않다고 생각하는 곳에서 많은 사업자들이 영업하고, 그곳에서 수많은 사업자가 개점하고 실패하는 사례를 자주 접할 수 있다. 하지만 실패하기 위해 장사하는 사업자는 없다. 그럼에도 불구하고 왜 안 좋은 입지에서 장사하는 것인가? 자기도취에 빠졌기 때문이다. 즉 열악한 조건을 애써 외면하면서 '열심히 하면', '상품이 중요하다', '고객에게 최선의 서비스를 제공하면' 등의 긍정적인 자기최면을 시도하기 때문이다. 그러나 경쟁자인 다른 사업자도 열정을 갖고, 고객에게 최고의 상품으로, 최상의 서비스를 제공하려고 노력한다. 그래서 안 좋은 입지의 사업자는 더 불리하고 실패가능성이 높을 수밖에 없는 것이다. 그러므로 입지가 안 좋은 곳에서 개점해야 한다면, 차라리 휴식하면서 다른 지역 입지를 찾아보거나, 객관적으로 불리함을 극복할 수 있는 자기 경쟁력이 무엇인가를 스스로 입지 결정 전에 검증해야 한다.

고객을 존중하라

고객이 사업의 성공과 실패를 좌우한다는 사실을 인정하지 않는 사업자들이 있다. 그래서 일단 상품을 팔고나면 나 몰라라 하거나, 구매후기에 관심을 갖지 않고, 반품/교환요청 등의 고객 요구사항을 무시한다. 심지어 판매자인 자신들이 거래우위에 위치해 있다고 착각하고, 고객의 지위와 목소리를 업신여긴다. 고객이 옳다고 얘기하면 인정하기 싫어도 옳은 것이다. 고객을 존중하지 않는 사업자를 고객이 부자로 만들 이유는 없다.

상품과 서비스 이외의 가치를 제공하라

경제적으로 궁핍한 시절에 공짜로 먹었던 국밥, 부모 또는 자식 생일에 사이좋게 먹었던 칼국수, 죽마고우와 유쾌하게 마셨던 막걸리, 아들이 아버지 등을 처음 밀어 줬던 목욕탕 등, 고객은 자신만의 특별한 경험과 기억을 중요시하고, 그 경험과 기억을 재확인하려는 의식이 강하다. 즉 고객은 맛/품질/외형보다 본인만의 특별하고 독특한 경험을 더 오래도록 기억하고 주목한다. 그러므로 고객이 유의미하게 느꼈던 경험과 기억을 되살릴 수 있는 방향으로 영업해야 한다. 예를 들면, 아버지와 아들이 함께 목욕하면 식혜 무료제공, 팀원들과 같이 방문한 팀장님이 결제하면 20% 할인, 엄마와 딸이 방문하면 조리매뉴얼 무료증정 등과 같은 이벤트와 행사로 점포이미지와 상품과 서비스를 특별하게 기억하도록 만드는 방식이다.

판매하는 상품과 서비스에서 고객의 불편함을 발견하고 개선하라

기름진 피자의 느끼함에 불편함을 갖는 고객을 위해 매운 라면을 후식으로 추가하고, 자장과 짬뽕을 동시에 먹고 싶어 하는 고객을 위해 짬짜면을 제공하며, 큰 체형의 소비자를 위한 빅 사이즈매장이 생겨나고 있다. 공통적으로 고객의 불편함을 발견하고 개선하려는 시도들이다. 그러므로 현재 판매하고 있는 상품과 서비스에서 고객이 느끼는 불편함이 무엇인가를 파악하려는 노력이 필요하고, 발견한 불편함을 개선하기만 해도 실패가능성은 현저히 낮아진다.

과감하게 축소하라

음식장사에서 메뉴가 많다고 장사가 잘 되는 것이 아니고, 다양한 재료를 많이 넣는다고 소비자가 반기는 것은 아니다. 제공하는 메뉴가 많으면 메뉴선정에 혼란스러워하고 전문성을 의심하며, 많은 재료가 추가되면 음식 고유의 맛을 구현하기 어렵거나 생산원가가 증가한다. 그러므로 적절히 메뉴를 축소하고 재료 수량을 조절해야 한다. 반대로 점포를 대표할 수 있는 메뉴에 집중하고, 동일한 재료를 통해 일관된 맛을 유지하는 영업방식이 소비자에게 더 강한 인상을 심어줄 수 있다.

예를 들면, 바지락칼국수 전문점을 표방하면서 다른 재료를 과도하게 첨가하면, 바지락칼국수가 갖는 고유한 맛을 구현하기 어렵고, 모든 소비자를 유인하기 위해 한식/양식/중식메뉴를 모두 제공하면, 소비자는 점포의 정체성을 의심하고 전문점으로 인식하지 않는다. 많은 메뉴와 다양한 재료를 무기로 모든 소비자를 상대하겠다는 발상은 지나친 욕심이다. 가용역량 이내에서 메뉴와 재료를 과감하게 축소하여, 축소한 메뉴를 좋아하는 소비자만을 상대하겠다는 생각으로 영업해야 성공가능성이 높다.

자신의 이름을 걸어라

상품과 서비스가 뛰어나도 고객으로부터 신뢰를 얻을 수 없다면 성공할 수 없다. 그러므로 고객의 신뢰를 이끌어 낼 수 있는 방법이 필요하며, 그중 하나가 사업자 자신의 이름을 담보하는 방법이다. 즉 상품과 서비스 품질을 사업자가 보증하는 것이다. 사업자 입장에서는 이름을 담보함으로서 정신무장이 될 것이고, 고객은 이름으로 보증하는 상품과 서비스를 거부할 이유가 없다.

[이름을 광고에 활용한 예]

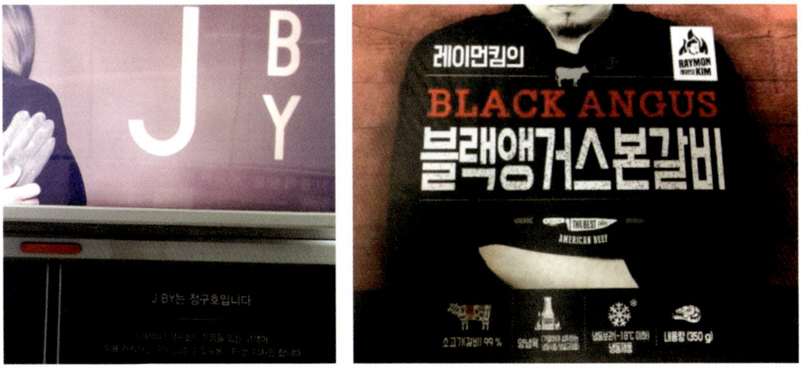

추가적 확장과 증식적 확장을 통한 아이템 선정

창업아이템 선정에 어려움을 느낀다면, 기존아이템을 변경/개선하는 방법을 활용하여 경쟁력을 높일 수 있다. 즉 추가적 확장(augmentation by addition) 방법과 증식적 확장(augmentation by multiplication) 방법을 사용하는 것이다. 예를 들면, 기존 떡볶이가게에서 판매하는 떡볶이에 어묵과 달걀 이외의 재료(해산물/삼겹살 등)를 추가(추가적 확장)하거나, 메밀떡볶이/치즈떡볶이/크림떡볶이와 같이 종류를 확대(증식적 확장)하는 방식이다. 창업자가 특별한 기술과 정보 및 지식 등을 보유하지 않는 한, 기존 제품과 명확하게 차별화된 아이템을 발굴하거나, 시장에 없는 새로운 아이템을 개발하기는 쉽지 않다. 만두에 스테이크용 고기를 넣고, 호떡에 견과류를 넣어 성공한 사업자도 있다. 거창하고 독특한 아이템만이 경쟁력을 갖는 것이 아님을 증명하는 대표적인 사례이다. 그러므로 창업아이템을 찾는다면 사업자 주변에서 쉽게 사업화할 수 있는 개선 및 확장 가능한 아이템에 주목해야 한다.

[추가적 확장]

일반 떡볶이

해물떡볶이

잡채떡볶이

[증식적 확장]

순대떡볶이

간장떡볶이

궁중떡볶이

점포경영전략

내부직원이 동의할 때까지 변신해라

내 점포가 동일상권 내 경쟁점포와 유사하거나 동일한 구성요건(인테리어/메뉴/제공방식/복장/맛 등)으로 개설된다면 실패가능성도 증가하고 있는 것이라고 생각해야 한다. 소비자가 변별력을 느끼지 못하기 때문이다. 따라서 내부직원이 '다르다'라고 인식할 시점까지 모든 요인을 변경하여 변화해야 한다.

고정고객을 확보하라

점포장사의 성공과 실패는 고정고객 숫자에 의해 결정된다. 즉 버스터미널과 철도역사 등의 유동인구 대상 상권을 제외하고, 일회성 손님은 점포매출을 높이는 데 크게 기여하지 않는다. 그래서 고정고객 숫자가 중요한 것이다. 고정고객의 다른 이름은 충성고객이고, 충성고객은 특별한 계기가 없는 한 지속적으로 방문하여 매출액 상승에 기여한다. 따라서 충성고객을 대상으로 방문횟수별 우대쿠폰 지급/DM발송/기념일 할인/가족단위 방문 할인 등 다양한 이벤트를 실시하여, 그들을 후원자이고 동지이며 팬(Fan)으로 만들어야 한다.

지속적으로 혁신하라

점포와 메뉴의 정체성을 훼손하지 않는 범위 내에서 지속적인 변화를 시도해야 한다. 최소한 6개월에 1회 정도는 부분적인 변화를 시도하고, 3년에 1회 정도는 전체적인 변화를 시도해야 한다. 단 부분적인 변화는 복장/비품/메뉴판 등 소품 위주로 변경하여 비용을 최소화하고, 전체적인 변화는 집기/인테리어/아웃테리어 등을 운영자금 한도 내에서 변경하는 방법으로 진행해야 한다. 소품위주 변화는 비교적 적은 비용으로 점포분위기를 새롭게 개선할 수 있고, 집기교체 등 대변화(大變化)는 점포이미지를 일시에 개선하는 방법으로 유용하다.

직원을 우대하라

외부에서 비롯된 문제와 적(敵)은 대처하기 쉽고 식별이 가능하지만, 내부의 적(敵)과 문제는 식별과 해결이 쉽지 않다. 직원이 내부사정을 잘 알고 있기 때문이며, 모두에게 익숙한 환경과 조건 하에서 문제가 발생하기 때문이다. 그러므로 성과에 따른 장려금(Incentive) 지급/월별 우수사원 표창/격려회식/정기휴가제 실시 등의 방법으로, 직원의 근무의욕과 자긍심을 고취해야 한다. 직원의 충고와 조언에 귀 기울이고 직원에게 투자를 아끼지 않으면 직원은 반드시 매출액과 수익으로 보상한다.

점포이미지는 하나의 콘셉트를 유지하라

저희 점포의 메뉴는 자장면/짬뽕/탕수육/팔보채 등이고, 자장면은 매운자장/유니자장/간자장/유슬자장/옛날자장 등이며, 짬뽕은 굴짬뽕/해물짬뽕/삼선짬뽕/황태짬뽕 등으로…다양한 메뉴가 점포이미지를 훼손하는 대표적인 사례이다.

고객은 복잡하고 많이 생각해야 하는 것을 싫어한다. 그래서 다양한 선택지(選擇肢)를 제공하겠다는 판매자의 의도와 반대로 생각하고 선택하며 행동한다. 즉 그들은 단순하고 고민하지 않는 것을 좋아한다. 그러므로 간자장면 잘하는 전문점/삼선짬뽕에 해물이 많은 중국집/바삭바삭한 식감의 탕수육이 맛있는 가게 등과 같이, 고객이 쉽게 콘셉트를 연상할 수 있고, 다른 사람에게 소개할 수 있도록, 점포이미지를 하나의 콘셉트로 통일하여 유지해야 한다.

결국은 '품질'이다

고급스러운 인테리어, 크고 화려한 LED간판, 단정한 유니폼 착용 직원 등 점포 내/외부 구성요소들의 중요성이 점차 강조되고 있다. 과거와 달리 소비자들이 단순한 상품과 서비스 제공에 만족하지 않기 때문이다. 그래서 판매자는 경쟁적으로 점포를 장식하는데 비용을 아끼지 않는다.

그러나 장사에 있어 품질보다 중요한 요인은 없다. 점포경쟁력의 근원이 '품질'에 있기 때문이다. 설렁탕전문점의 설렁탕이 맛이 없고, 커피전문점의 커피 맛이 형편없으며, 세탁전문점의 세탁물 상태가 불만족스러우면, 소비자는 절대 재방문하지 않는다. 소비자는 관대하지 않고 매우 냉정하며 업(業)의 본질을 중시한다.

잘되는 집을 베껴라

장사가 잘되는 집에는 각각의 이유와 노하우가 있다. 즉 상품/서비스/목(입지)/가격 등에서 다른 점포와 구분되는 그 무엇이 존재한다. 그러므로 창업을 준비하거나 장사가 잘되지 않는다면, 업종구분 없이 장사가 잘되는 매장을 방문해서 노하우를 찾고 배워야 한다. 즉 음식점이면 제공되는 메뉴별 맛과 재료의 양과 종류 등을 베끼고, 생활용품점이면 가격과 직원들의 친절도와 서비스 제공방식을 베껴서 본인의 점포에 동일하게 적용하는 것이다. 예를 들어, 쌈밥음식점을 창업할 예정이라면 쌈밥으로 유명한 점포들을 방문해서 각 점포별 장점만을 취합하여 본인의 점포에 적용하는 방식이다. 모방은 창조의 어머니라고 했다. 자존심을 버리고 과감하게 베껴서 내 것으로 만들어라.

제거/결합/차용/대체하라

기존 경쟁자를 이기려면 장사가 잘되는 집의 아이템과 방식을 단순히 베끼는 수준에 머물지 말아야 한다. 잘되는 집의 불편함과 단점은 과감히 제거하고, 그들 각각의 장점만을 결합하여 완성된 상품과 서비스로 재구성해야 한다. 또한 자신만의 아이디어와 방식으로 재해석하여, 그들의 상품과 서비스와 차별화된 자신만의 상품과 서비스를 만들어야 한다. 즉 경쟁자의 단점을 버리고 장점만을 받아들여, 다른 재료로 대체하고 방식을 달리하여 전혀 새로운 상품과 서비스를 제공하는 것이다.

초기 정착기간을 인내할 수 있는 방법을 강구하라

창업 후 3개월에서 6개월 기간에는 낮은 인지도와 마케팅효과 때문에 수익률이 낮을 수밖에 없다. 따라서 창업계획 수립단계부터 창업 후 3개월에서 6개월의 기간 동안 발생할 수 있는 수익률 저하를 어떻게 극복할 것인가에 대한 대비책(예 – 여유자금준비, 부가수익 창출아이템 병행 등)이 강구되어 있어야 한다.

[추정 손익 분기점 도표]

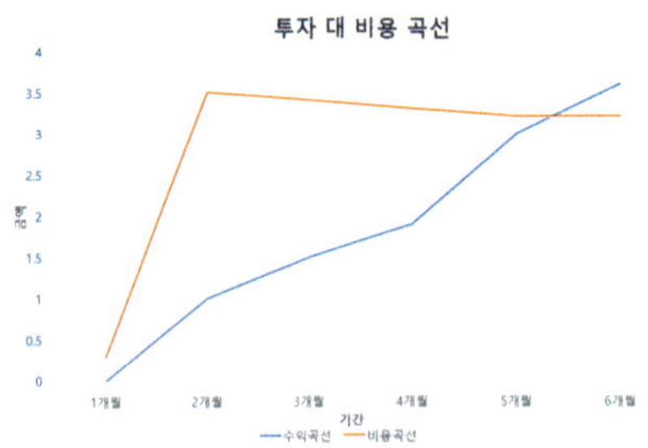

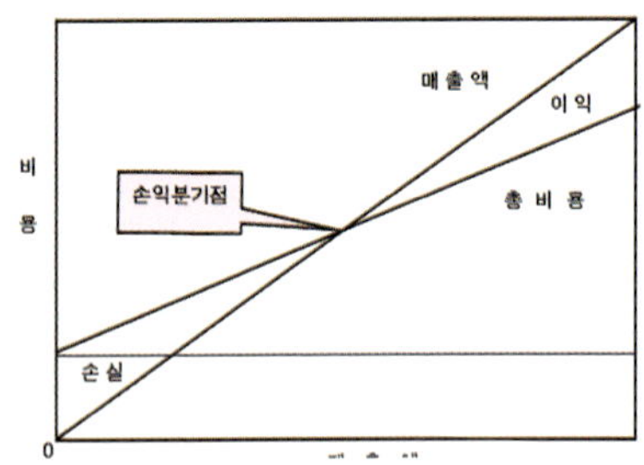

점포창업 10계명

메뉴를 2~3종류로 단순화하라

메뉴는 단순하고 종류가 한정적이어야 한다. 메뉴가 많으면 준비해야 할 재료도 많아지고 조리시간도 길어져서, 매장규모와 가용인력이 한정적인 소규모 창업자에게 비효율적이다. 그러므로 메뉴 준비에 많은 시간과 노력이 투자되지 않는 아이템을 선정해야 하고, 메뉴종류를 2~3종으로 제한하여 전문화하는 영업방식이 창업자에게 유리하다.

점주가 조리할 수 있는 아이템을 선택하라

현장에서 점포창업자가 겪는 가장 큰 애로사항은 고용인력의 이직문제로, 점주가 대체할 수 있는 서비스담당 직원과 달리, 대체 불가능한 주방인력의 돌발적인 이직은 경영에 결정적인 영향력을 미친다. 그러므로 직원 이탈 시 주방인력을 대체할 수 있도록 점주의 조리역량을 높이거나, 창업아이템 선정단계에서 조리하기 용이한 아이템을 선택하는 방법으로 이직에 따른 위험을 최소화해야 한다.

인/아웃테리어에 돈을 퍼붓지 말라

소비자는 상품을 구매하려고 방문하는 것이지 인테리어를 감상하려고 방문하지는 않는다. 음식점의 경우 음식의 맛과 질에 경쟁력이 있고, 인/아웃테리어는 부가적인 요소에 불과하므로 치장을 위한 과도한 자금투자는 낭비다. 매장이 청결하고 정리정돈이 잘 되어 있으면 소비자는 만족한다. 그럼에도 불구하고 매장이미지를 각인시킬 계획이라면, 브랜드를 상징하거나 대표상품을 연상하게 하는 단 하나의 강렬한 상징물을 부착하는 방법이 더 효과적이다.

소소한 차별화를 시도하라

고비용의 차별화전략은 단기간에 고효율의 성과를 거둘 수 있지만, 가용자금에 한계가 있는 창업자가 선택하기 어려운 방법이므로, 창업자는 소비자가 쉽게 확인할 수 있는 저비용 차별화전략을 사용해야 한다. 즉 소비자의 신체가 도달하는 행동반경 내 위치하는 집기비품에 브랜드를 인쇄하거나, 근무복을 착용하고 경쟁자가 시도하지 않는 서비스를 제공하는 방법만으로도 효과적인 차별화가 가능하다.

3개월의 운영자금을 확보하라

개점과 동시에 손익분기점을 달성하면 성공적이지만, 소비자가 상품과 매장을 인지하는 기간을 고려하여 최소 3개월의 여유자금은 보유하고 있어야 한다. 임대료와 직원급료 등의 고정비용은 매출과 관계없이 지출되어야 하고, 계획에 없는 세금/분쟁비용 등의 돌발변수 발생에 따른 지출에 대비해야하기 때문이다.

화장실을 청결히 하라

매출이 높은 기업과 점포의 공통점은 화장실이 청결하다는 점이다. 화장실은 소비자가 가질 수 있는 최소한의 사적 공간으로, 소비자들의 위생관념이 향상되어 화장실 청결여부는 매장이미지에 결정적인 영향을 미친다. 그래서 장사가 잘되는 점포 화장실은 항상 청결하고 전담직원이 정해져 있다.

유니폼을 입어라

유니폼은 구성원 간 동질성을 갖게 하고, 직원 스스로의 역할과 의무를 점검하게 하여 책임감을 부여하며, 생산성 제고와 함께 고객에게 신뢰감을 주는 효과가 있다. 경영자는 세탁하지 않은 앞치마와 통일되지 않은 일반복장 차림 직원을 바라보는 고객이 어떤 생각을 할 것인가를 의식해야 한다.

매장을 창고로 사용하지 말라

매장 내 유휴공간에 비품 등을 비치하고 조리공간에 음식재료 등을 쌓아서 매장을 창고 겸용으로 사용하지 말아야 한다. 상품과 서비스를 제공하는 공간이라는 정체성이 상실되면 소비자는 외면하기 때문이다. 즉 창고에서 식사하고 상품을 구매하며 서비스를 제공받기를 희망하는 소비자는 없다.

고객에게 지불금액 이상의 가치를 제공하라

고객은 누구나 손해 보기 싫어하고 기대수익 이상의 이익에 열광한다. 따라서 고객이 지불하는 금액 이상의 가치를 제공하면 사업은 성공할 수밖에 없다. 고객이 1천 원을 지불하면서 기대하는 1천 원만큼의 수익을 초과하는 가치(예 - 밥/반찬 무한리필, 음료 무료제공, 지불금액 중 10% 금액 기부 등)를 제공하면 고객은 재방문하고 스스로 홍보요원이 되어 점포를 홍보하고 광고한다.

이익을 분배하라

직원은 사업성공의 우군도 되지만 적군도 될 수 있다. 외부의 적은 방어하기 쉽지만 내부의 적은 단속하기 어렵다. 직원을 단순한 피고용자가 아닌 성공을 위한 파트너로 인정하고 이익을 적절히 분배할 수 있어야 성공가능성도 높아진다. 급여 이외의 성과급과 같은 이익분배 금액은 직원에게 강력한 동기부여요인으로 작용하여, 소속감과 업무집중도를 증가시켜 매출 향상에 기여하게 만든다.

점포창업 성공 3원칙

고객을 기억하라

고객은 자신을 기억해 주는 사업자를 긍정적으로 인식한다. 방문고객의 얼굴과 구매패턴(예 - 주문메뉴/사이즈/색상/스타일 등)을 기록하여 재방문할 때 활용하면 고객은 단골고객으로 변화한다.

줄을 세워라

점포 앞에 줄이 만들어지면 고객은 스스로 맛집/대박집 등으로 스토리텔링(Storytelling)하고 만들어진 대열에 동참한다. 또한 스스로 스토리텔링하여 구매하는 상품을 일반상품보다 더 가치 있게 느낀다.

경쟁자와 유사한 이벤트를 중지하라

할인/방문쿠폰은 경쟁자도 배포하고 있다. 고객이 쉽게 예상할 수 있는 이벤트로는 강렬한 인식을 부여할 수 없다. 동일한 종류의 이벤트라도 고객별로 특화(예 – 생일 50% 할인, 부모동반 50% 할인, 입사 1주년 20% 등)하여 진행하면 고객은 열광한다.

아이템 점검

아이템을 선정하기 전에 반드시 선행해야 하는 작업이 관련분야에 대한 '시장조사'이다. 즉 사업화를 준비한다면 사전에 소비자의 존재여부와 규모, 소비자의 정체성(여성/남성, 여학생/남학생, 10대/50대, 청년/장년 등)과 특성(제품/디자인/색상/가격 등에 대한 선호도와 구매유형 등) 등을 파악해야만 한다. 더불어 창업자가 보유한 내부역량(동원 가능한 자금/인적네트워크/시간 등)을 확인하여 보유한 역량 이내에서 아이템을 선택해야 하고, 진입하려는 시장의 경쟁강도(경쟁자 유무/경쟁자별 시장점유율 및 영향력 등)와 수익성(판매마진율/수익회수시기/투자대비 마진율 등)을 확인한 뒤 아이템을 결정해야 한다. 한편 아이템 발굴은 창업자 자신의 가용역량을 확인한 뒤 시장수요에 부합하는 아이템을 선정하는 방법(귀납적)과, 시장수요를 확인한 뒤 자신의 가용역량을 평가하여 아이템을 선정하는 방법(연역적) 중 하나를 선택하여 진행하면 되는데, 가용자원이 한정적인 개인 창업자는 귀납적 발굴방법을 활용해서 실패에 따른 손실을 최소화해야 한다. 즉 자신이 보유하고 있는 역량(물적/인적 자원) 이내에서의 창업으로 실패에 따른 손실을 최소화해야 한다.

[아이템 점검과정]

아이템 탐색		아이템 분석		아이템 선정
• 좋아하는 아이템인가? • 잘할 수 있는 아이템인가? • 경쟁력 있는 아이템인가?	⇨	• 가용자원(자금/인력/시간 등) • 한계 내에서 사업화가 가능한가? • 주요 경쟁자가 존재하는가?	⇨	• 차별화할 수 있는가? • 수익률이 높은가? • 지속 가능한가?

[창업아이템 발굴방법]

귀납적 발굴방법	창업자의 적성, 관련분야 경험수준, 보유 자원 검증 · 평가	⇨	트렌드 변화추이, 시장수요, 시장 성장가능성, 검증 · 평가
연역적 발굴방법	트렌드 변화추이, 시장 성장가능성, 수요 검증 · 평가	⇨	창업자의 적성, 관련분야 경험수준, 보유 자원 검증 · 평가

[아이템 검증방법]

1단계	인터넷 검색(관련 산업분야 상위기업 홈페이지 방문 포함) 및 신문, 간행물, 관련 산업분야 전문서적, 논문 등 구독
2단계	인적네트워크 활용(주변인의 자문: 친구, 동료, 선/후배 등)
3단계	관련 산업분야 종사자(현장 관계자, 종사자 등) 방문

3. 경쟁력을 확보하는 방법 》》

아이템은 생물이다, 끊임없이 보살펴야 한다

세상은 끊임없이 변화하고 소비자들의 욕구도 쉬지 않고 진화한다. 그래서 과거 세대에 히트했던 상품과 서비스가 현재 시대에서는 이류 상품과 서비스로 전락하기도 하고, 소비자의 기호와 가치관 변화에 따라 유행했던 디자인과 패턴이 어색하게 느껴지기도 한다. 사업자가 하나의 아이템 성공에 안주하면 실패가능성도 반비례하여 증가한다. 그래서 사업자는 항상 세상의 변화추이를 살펴야 하고, 소비자의 욕구와 기호가 무엇을 지향하는지 점검해야 하며, 현재의 상품과 서비스가 가지는 불편함이 무엇인지 확인해야 한다.

IT제품의 선두주자였던 일본 소니(Sony), 핸드폰으로 세계를 석권했던 노키아(Nokia), 필름시장 강자였던 코닥(Kodak), 즉석카메라로 유명한 폴라로이드(Polaroid) 등이 변화의 흐름에 능동적으로 대처하지 못해 시장 1위 주자의 지위를 내어준 대표적인 사례이다. 이들 기업이 시장지배자로서 군림하던 시절, 이들 기업의 쇠락을 예측한 사람은 많지 않았다. 하지만 창업 후 100년 이상의 업력을 보유한 기업은 의외로 많지 않다. 세상의 변화는 역동적이고 예측하기 어려웠으며, 기업은 탄력적으로 대응하지 못했다는 증거이다.

아이템과 기업은 살아 숨 쉬는 생물과 같아서 끊임없이 관심을 가지고 보살펴야 하며, 외부환경 변화에 적절히 대응할 수 있도록 자체 면역력을 강화시켜줘야 한다. 즉 현재 아이템에 몰입하지 말고 미래 수요를 예측해야 하며, 미래수요에 대응하기 위해 미래를 대비하는 조직과 시스템을 기존 조직 및 시스템과 별개로 가동해야 한다. 따라서 현 시점을 기준으로 기업역량 배분도 기존 아이템 70%, 미래 아이템 20%, 예비역량 10%의 비율로 재분배해야 하고, 미래를 대비하는 조직은 현재의 수익창출에 부담감을 갖지 않도록 운영해야 한다.

번득이는 영감(靈感)을 믿어라

인간관계와 마찬가지로 일처리에 있어서도 때와 시기가 있다. 머릿속으로 수많은 가능성과 장애요인들을 상정하여 계산한다고 해서 일이 계획대로 성사되는 것은 아니다. 때에 따라서는 무모하리만치 저돌적인 업무추진력이 성공요인으로 작용할 수 있고, 순간적으로 번득이는 영감(靈感)이 사업성공의 중요한 동기(motive)가 될 수 있다. 그러므로 실패부담감에서 탈피하여 창업자 자신의 영감과 통찰력을 믿고 과감하게 구상한 계획을 실천해야 한다. 두려움 속에 실천한 뒤 되돌아보면 수없이 고민했던 문제점들이 고민한 시간만큼 중요하지 않았음을 알게 될 것이다.

변화의 시그널(signal)을 읽어라

큰 대형사고 전에는 반드시 경미한 사고들이 존재한다는 하인리히법칙이 있다. 허버트 윌리엄 하인리히가 보험회사에 근무하며 사건사고를 통계학적 법칙으로 정리한 것으로, 1명의 중상자가 발생하기까지 29명의 경상자가 있고, 300명의 무상해 사고가 발생하였음을 정리하여 1:29:300법칙이라고도 한다.

하인리히법칙과 같이 시대별 트렌드와 가치관 변화흐름도 지속적이고 미세한 매출감소와 가격하락 및 수익률 감소 등을 통해 확인할 수 있는데, 이러한 변화를 감지하지 못하고 적극적으로 대응하지 못하면 경영위기로 이어질 수 있다. 따라서 경영자는 세상의 흐름을 수시로 세밀하게 살펴야 하며, 현재의 경쟁력이 미래까지 지속될 수 없음을 인식하고, 다가올 미래의 변화에 대응할 수 있는 방안을 선제적으로 강구해야 한다. 예를 들면, 불과 20년 전 김밥은 운동회/소풍/수학여행 등의 이벤트 일에 먹던 음식이었지만, 지금은 '김가네', '김밥천국', '고봉민 김밥', '바르다 김선생' 등 다수의 김밥전문점 출현에 따라 수시구매 가능한 일상적인 음식이 되었다. 또한 김밥 한 줄이 2천 원 이하로 저렴하였던 과거와 달리, 일반 백반메뉴 가격과 비슷한 가격대의 메뉴가 등장하였고, 수많은 프랜차이즈매장 출현에 따라 시장은 더욱 세분화되고 점포 간 경쟁은 치열해졌다. 즉 김밥이 특별한 음식에서 일상적인 음식으로 변화하였고, 영업방식도 저(低)품질/저가(低價) 판매방식에서 고(高)품질/고가(高價) 판매방식으로 변화하였다. 건강지향 음식을 선호도하는 소비자 의식 변화, 다양한 프랜차이즈 경쟁자 출현, 신선한 재료수급이 가능해진 유통수단의 발달 등과 같은 변화에 따라 김밥메뉴 시장도 변화하고 있는 것이다. 그리고 이와 같은 변화는 우리가 의식하지 못하는 사이에 우리 주변에서 끊임없이 일어나고 있다.

[김밥브랜드선호도/가맹점수]

[김밥 브랜드(단위 %)]

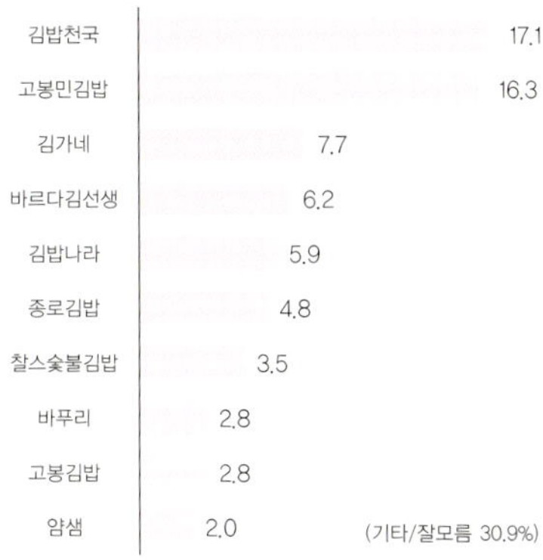

[김밥 프랜차이즈 브랜드의 가맹점 수와 가맹 수익률]

프랜차이즈	가맹점	평균 매출	이익율	월 예상 순익
고봉민김밥	592	35,000	36.6%	12,810
김가네김밥	463	32,000	34.8%	11,136
바푸리	295			-
김밥천국	294		35.0%	-
바르다김선생	184			-
종로김밥	110	40,820	31.2%	12,736
얌샘김밥	118	36,000	25.0%	9,000
더오니기리	95	9,500	34.0%	3,230
공씨네 주먹밥	89	13,800	36.5%	5,037
엉클통김밥	7			-
사군자김밥	5			-

[자료원: 창업코리아, 각 브랜드 홈페이지 자료]

구매후기 마케팅

사람에게는 자신의 판단과 결정에 오류가 없음을 확인하고 싶어 하는 심리가 있다. 그래서 자기 검증을 위해 다른 사람이 어떻게 판단하고 결정했는가를 알고 싶어 하고, 다수(多數)의 선택과 결정에 동조하려는 경향을 보인다. 자신의 판단과 결정에 따른 오류 가능성을 다수(多數)의 판단과 결정으로 상쇄할 수 있다고 생각하기 때문이다. 그래서 다른 사람들이 음식점 앞에 길게 줄 서서 기다리는 모습을 보면서 음식이 맛있을 것이라고 짐작하고, 관련분야 권위자 또는 전문가라고 인정한 사람의 말과 행동을 신뢰하며, 그들이 추천하는 책은 내용이 유익할 것이라고 단정한다. 그러므로 점포를 홍보하고 책을 광고하려면, 관련분야 전문가(요리연구가/요리사 등) 또는 권위자(학자/연구원 등)의 추천을 받거나, 많은 사람들의 긍정적인 응원과 지지를 이끌어 낼 수 있는 방식(군중심리 자극)을 활용하면 유용한 결과를 얻을 수 있다.

완급을 조절하라

열심히 일한다고 반드시 결과가 좋은 것은 아니다. 그래서 일과 휴식에도 완급 조절이 필요하다. 즉 모든 역량을 집중해서 몰두해야 할 때가 있고, 한발 물러서서 관조하고 쉬어야 할 때가 있다. 조급함이 문제점을 무시하도록 만들고 지나침이 실패를 낳는다. 그러므로 최초 계획대로 천천히 점검하며 계획대로 사업화를 진행해야 한다. 그리고 적절한 휴식을 통해 심신을 이완시켜서 활력을 되찾고 새로운 시작을 준비해야 한다.

실패를 두려워하라

창업에 실패하면 경제적으로 궁핍해지고 사회적 계층이 하락할 수 있다. 그리고 지인들과의 인간관계가 소원해질 수 있고 가정이 붕괴될 수도 있다. 그럼에도 불구하고 '실패를 두려워하지 말라'고 조언할 수 있는가?

실패는 당연히 두려워해야 하고, 경계해야 하며, 무조건 회피해야 한다. 그래서 실패하지 않기 위한 사전준비가 필요한 것이고, 경쟁자와 차별화할 수 있는 경쟁력을 갖춰야 하는 것이다. 따라서 창업자는 '성공 하겠다'가 아닌, '실패하지 않겠다'는 목표를 지향해야 한다. 성공하겠다는 목표를 지향하면 최초 계획과 다르게 무리수를 둘 수 있지만, 실패하지 않겠다는 목표를 지향하면 보수적이고 안정적으로 경영할 수밖에 없어서 실패가능성이 최소화된다.

실패를 분석하라

실패하기 위해 창업하는 창업자는 없다. 그러나 통계청의 '2018년 기업생멸 행정통계보고서'에 따르면, 신생기업 생존율은 창업 후 1년 63.7%, 2년 52.8%, 3년 47.7%, 4년 36.7%, 5년 31.2%로 조사되었다. 이와 같이 생존율이 낮은 원인 중에는 시장조사가 선행되지 않고, 기존 창업자의 실패를 분석하여 사업에 반영하지 못하는 점도 포함된다. 이와 관련하여 사업화에 실패한 창업자들의 실패원인을 중복응답방식으로 설문/분석한 결과를 보면, ①제품/서비스 경쟁력 부족(46%), ②시장(소비자)의 제품 외면(42%), ③자금부족(29%), ④인적구성 문제(23%), ⑤내부경쟁력 저하(19%), ⑥가격/원가문제(18%), ⑦비즈니스모델 장애(17%), ⑧마케팅 부족(14%)의 순서로 확인되었다. 그러므로 창업 전 소비자와 경쟁자 분석이 선행되어야 하고, 판매상품과 조직구성 등 내/외부 경쟁력을 먼저 확보하는 노력을 기울여야 한다. 또한 다른 사람의 실패 사례와 본인의 사업화과정을 비교/분석하여 자체 경쟁력을 확보해야만 생존율을 높일 수 있다.

파레토의 법칙을 준용하라

파레토법칙 또는 80 대 20 법칙은 '전체 결과의 80%가 전체 원인의 20%에서 일어나는 현상'을 가리키는 소득분포에 관한 통계적 법칙으로, '이탈리아 인구의 20%가 이탈리아 전체 부의 80%를 가지고 있다'고 주장한 이탈리아 경제학자 빌프레도 파레토의 이름에서 유래했다.

기업에서는 이 법칙을 적용하여 80%의 직원을 먹여 살리는 20%의 유능한 직원에 대한 관리와 20%의 주력사업에 집중한다. 그러므로 창업자도 소비자가 주목하는 아이템에 집중하는 방식으로 아이템을 취사선택해야 한다. 즉, 발상된 아이템 모두를 성공시키려는 마음을 버려야 한다. 예를 들어, 10가지 메뉴 중 2가지 메뉴 매출이 전체매출의 80% 이상을 점유하면, 과감하게 나머지 8가지 메뉴를 버리고 2가지 메뉴를 전문화해야 한다.

투자자 관점에서 살펴보라

창업을 준비하면서 객관적으로 사업타당성을 검토하고 싶으면 투자자 관점에서 살펴보면 된다. 즉, 창업자가 투자자 입장에서 ① 수익률은 얼마나 될 것인가? ② 수익기간은 어느 정도 지속될 것인가? ③ 지속가능한 아이템인가? ④ 비용과 수익비율은 어떻게 되는가? ⑤ 어느 정도의 투자자금을 투자해야 하는가? ⑥ 투자회수율과 투입 대비 기대수익은 얼마인가? 등을 질문하고 명쾌하게 답변할 수 있어야 한다. 투자자는 사업성패에 민감할 수밖에 없어 다른 이해당사자보다 냉철한 분석이 가능하다. 따라서 창업자가 투자자 입장에서 창업아이템을 살펴보면, 수익창출도 중요하지만 비용지출도 중요함을 이해할 수 있고, 수익창출은 매출증대 방법만이 아니라 지출축소 방법으로도 달성할 수 있음을 자각할 수 있다.

유통하려면 영화와 드라마에 집중하라

최신 드라마와 영화에는 시대흐름과 유행 및 최첨단 기술 등이 반영되어 있다. 따라서 드라마와 영화에 등장하는 트렌드와 기기(器機)들을 집중하여 관찰하면, 향후 유행할 상품과 구현될 기술을 용이하게 간파할 수 있다. 그러므로 여성관련 유통아이템을 찾는다면 여배우를 주목하고, 신기술 개발에 대한 힌트를 구한다면 등장하는 기기들에 집중해야 한다.

2021년 기준 32년 전인 1989년에 개봉된 영화 '백투더퓨처'에 등장하는 '공중에 떠 있는 하버보드', '화상전화', '핸드프리게임', '태블릿컴퓨터', '지문인식' 등이 현재는 일반화되어 사용 중에 있고, 마릴린 먼로 주연의 영화 '7년 만의 외출'에서 마릴린 먼로가 신었던 구두브랜드 '페라가모'는 현재까지도 여성들로부터 각광받고 있다. 또한 영화

배우 전지현이 주연을 맡은 드라마 '별에서 온 그대'에서 주인공 천송이가 사용한 립스틱과 착용한 망토는 '천송이 립스틱'과 '천송이 망토'로 회자되며 품귀현상을 초래했다.

아무것도 하지 않으면 아무 일도 일어나지 않는다

현재의 상황과 상태에 만족하여 안주하면 현재 상황을 '못 견뎌'하지 않으며, 시도하고 도전하지 않으면 항상 '평온'할 수밖에 없다. 하지만 세상은 도전하고 시도하는 사람들이 바꾸어 왔고, 그들의 이름과 업적만이 후대 사람들에게 회자되고 있다. 그러므로 항상 현재에 불만족해야 하고, 현재를 개선하려는 노력을 멈추지 말아야 한다. 사업자가 멈추면 직원도 멈추고 사업자가 움직이면 직원도 움직인다.

현재에 머물러 있으면 퇴보하는 것이다

현재 상태를 개선하려는 의지가 없으면 결과적으로 퇴보하는 것이다. 사업자 본인이 현재에 머물러 있다고 경쟁자들도 함께 머물러 있는 것은 아니다. 다른 경쟁자들은 끊임없이 전진하고 있기 때문이다. 예를 들면, 출발신호가 울렸음에도 창업자는 100m 경주 출발신호가 울렸음에도 창업자는 출발 선상에서 뛰지 않고 서 있고, 다른 주자들은 결승선(목표점)을 향해 전력질주하고 있는 형국이다. 그러므로 현재 상태에 머물러 있으면 경쟁에서 패배할 수밖에 없다.

늘리거나 줄이거나

수익률이 저하되어 사업체의 존립이 문제된다면, 창업자는 상품 종류를 다양화하고 새로운 판로를 개척하여 매출을 증대시키거나, 불

필요한 비용을 발견하고 지출을 줄여서 수익률을 높여야 한다. 또한 업무량과 내용을 재분석하여 인력을 재배치해야 한다. 즉 현재 상황이 창업자에게 우호적이지 않다면 현재의 운영방식과 조직구조 등을 혁신하거나 개혁해야 한다. 위험신호를 무시하면 위기는 계속될 수밖에 없다.

4. 발상을 전환하면 아이템이 보인다 〉〉〉

창의력이 승패를 결정한다

사업에 성공하려면 창의력이 필요하다고 수많은 창업컨설턴트와 언론 등이 얘기하는데, 도대체 창의력은 무엇이고 어떻게 발휘할 수 있는 것인가? 성공과 실패 사례를 통해 확인해보면 결국 창의력은 기존 방식(생각/체계/개념 등)과 다른 새로운 방식을 시도할 수 있게 하는 원천이라고 할 수 있다. 그래서 창의력은 시대흐름을 읽을 수 있는 통찰력과, 다른 관점에서 사고하는 역발상, 그리고 현재 기술과의 비교를 통해 아이디어의 실현가능성을 확인하는 현실감각에 기초한다.

그러므로 다른 사람의 생각과 논리를 의도적으로 무시하고 외면하면서, 자신과 사회와 사물 및 현상에 대해 왜(why)? 라는 의문과 질문을 끊임없이 던져야 한다. 그러면 자연스럽게 기존방식을 배제/제거/차용/대체할 수 있는 새롭고 기발한 방식과 아이디어가 창출된다.

[창의력 발휘를 위한 도표]

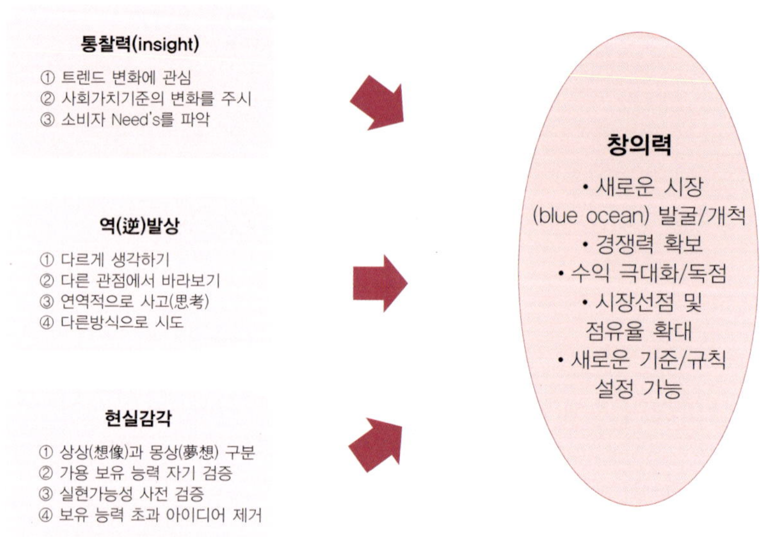

차별화가 정답이다

'차별화'가 시장에 없는 새로운 상품과 서비스를 출시하는 것에 국한되는 것은 아니다. 기존 상품과 서비스의 불편함을 개선하거나, 새로운 기능과 기술을 부가하는 방법도 차별화 방법 중 하나이다. 즉 다른 사람이 관심을 두지 않는 분야와 기술을 발굴하거나, 다른 사람이 이미 제공했던 상품과 서비스를 개선하는 것도 '차별화'이다. 그래서 '차별화'는 상품의 종류를 증가(증식적 차별화/예 – 제너시스 G70, G80, G80스포츠, G90 등)하거나, 상품의 기능을 추가(추가적 차별화/예 – 제너시스 G330럭셔리, 프리미엄럭셔리, G380프레스티지, 파이니스트 등)하여 차별화할 수 있고, 고객을 특정(예 – 10대 여성만을 위한 청바지/염장청어(Surstromming)를 즐기는 사람들 등)하여 차별화할 수 있으며, 시장을 변경(예 – 로봇강아지를 애완용강아지로 판매/유아용 기저귀에서 아동용 · 성인용 기저귀로 확대, 애견용 기능성 사료와 스테이크)하거나, 시장을 세분화(예 – 이온음료 게토레이, 탄산수 등)하여 차별화할 수도 있다. 즉 공급자가 어떻게 어떤 방식으로 차별화할 것인가가 중요할 뿐이다. 심지어 직원복장을 동일색상과 디자인으로 통일하고, 튀김재료로 당면/채소/오징어/고구마 대신 마늘/연근/배추/감자/문어 등을 사용하는 방식도 차별화 방법 중 하나라고 할 수 있다. 기존방식과 고정관념을 탈피하려는 노력이 없었을 뿐이지 차별화 방법과 수단은 무한하다.

차별화란 무엇인가?

단순히 경쟁자와 '다르게' 하는 것이 차별화인가?, 아니면 경쟁자가 제공하지 못하는 '다른 가치'를 제공하는 것이 차별화인가? 창업자가 가장 많이 듣고 수없이 시도하는 경쟁전략이 '차별화'임에도 불구하고, '차별화'의 개념을 정확히 이해하고 있는 창업자는 소수에 불과하다. 그래서 '차별화'를 단순히 경쟁자와 다르게 만들거나 새로운 서비스를 제공하는 것으로만 이해한다.

하지만 진정한 '차별화'는 경쟁자와의 다름에 머물지 않고 다름으로서 창출되는 새로운 가치를 내포하고 있어야 한다. 예를 들면, 국내기업의 가구 판매방식은 소비자가 매장에서 완제품을 선택/구매하면, 가구회사가 소비자 가정으로 운반/배송해서 조립해주는 방식이지만, '이케아' 판매방식은 소비자가 제품을 구매/운반/조립해야 하는 방식이다. 국내기업의 서비스 방식과 비교하면 소비자가 불편함을 감수해야 하는 방식이다. 그럼에도 불구하고 '이케아'의 매출액은 증가하고 있다. 즉 '이케아'는 소비자에게 국내 가구회사가 제공하지 않는 '다른 가치'(제품을 조립하는 즐거움/식사와 쇼핑공간의 결합/가구와 인테리어소품의 동시구매 가능 등)를 제공함으로써, 국내 가구회사와 차별화하는 것이다. 수제(手製) 햄버거전문점 햄버거가 프랜차이즈점포 햄버거보다 높은 가격에 판매되는 이유도 여기에 있다. 수제 햄버거가 가진 다른 가치,

즉 신선한 재료/풍성한 패티/독특한 소스 등이 소비자에게 차별화요소로 작용하는 것이다. 그러므로 창업자는 '어떻게 다르게 할 것인가?'보다, '어떻게 다른 가치를 전달할까?'를 고민해야 한다.

관점의 차이

팬티형 기저귀는 팬티인가 기저귀인가? 로봇강아지는 강아지인가 로봇인가? 스마트워치는 시계인가 스마트기기인가? 영양바(Bar)는 에너지바인가 초콜릿바인가?

경계가 모호하고 불분명한 차별화는 소비자가 쉽게 이해하지 못한다. 즉, 소녀와 노파가 동시에 보이면, 소비자는 그림의 정체성을 이해하지 못하고 혼란스러워한다. 그러므로 시장 또는 기능을 확대하는 차별화를 시도할 의도라면, 인식경계가 다르고 뚜렷하여 정체성이 부각될 수 있는 상품으로 차별화해야 한다. 소비자는 복잡하고 많이 생각해야 하는 상품을 싫어하고, 단순하고 직관적인 상품을 선호하기 때문이다. 그래서 '이것과 저것의 결합'이라고 쉽게 설명해줘야 한다. 예를 들면, 육개장과 칼국수를 결합한 '육칼', 자장면과 짬뽕을 결합한 '짬짜면' 등이 대표적이다.

[W.E.HILL 그림 – 아가씨와 노파/짬짜면]

선두주자의 장점만 차별화하라

관련분야 선두주자 또는 경쟁자와 경쟁하기 위해, 선두주자와 경쟁자의 장점을 모방하거나 방식을 개선하는 방법은, 소비자가 차별성을 느끼지 못해 관심을 끌지 못한다. 이미 소비자는 경쟁자의 장점과 방식에 익숙하기 때문이다. 그러므로 후발주자가 선두주자와 차별화하려면 자신의 장점을 극대화하는 방식으로 차별화해야 한다. 즉 자신의 약점을 보완할 시간에 특징적인 하나의 장점만을 극대화하여 강조해야 한다. 그리고 약점은 과감하게 버려야 한다. 약점을 개선해도 경쟁자를 따라잡지 못하기 때문이다. 예를 들면, 1974년 출시한 동양제과의 초코파이를 모방한 롯데제과(1983년) · 해태제과(1986년) · 크라운제과(1989년)의 초코파이가 대표적이다.

변별력 있는 차별화

허니버터칩/대왕카스테라/오리온초코파이의 공통점은 무엇일까? 정답은 한동안 시장점유율 1위 상품이라는 것이다. 하지만 이들 상품이 히트(hut)한 뒤 수많은 유사상품들이 출시되었고, 결국 상품 간 변별력을 상실하여 시장점유율과 매출증가율이 하락하게 되었다. 후발주자의 벤치마킹 전략, 즉 선두주자의 기술과 상품을 모방하여 자사의 상품과 기술에 적용하는 방식에 의해 변별력을 상실한 것이다. 따라서 창업자는 경쟁자가 모방/복제하지 못하도록 자신만의 독특하고 변별력 있는 기술/재료/방식 등을 보유해야 한다.

차별화하는 방법

많은 사업자가 차별화를 희망하지만 실제로 구체적인 차별화 계획을 수립/실천하는 사업자는 소수에 불과하고, 다수의 창업전문가들이 차별화를 주장하지만 현실적이고 실행 가능한 차별화 방안을 제시하는 전문가는 소수에 불과하다. 원론적 측면에서 차별화의 필요성을 인식하지만, 각론에서 무엇을 어떻게 해야 하는지를 모르기 때문이다. 그래서 차별화를 무조건 경쟁자와 다르게 만들거나 시도하는 것으로 오해하고, 경쟁자의 상품과 서비스를 변형하거나 개선하는 방법에만 초점을 맞춘다.

하지만 차별화는 단순히 경쟁자와 '다름(difference)'을 추구하는 것이 아니라, 혁신을 통해서 '새로운 가치'를 전달하는데 의미를 둬야 한다. 즉 진정한 차별화는 소비자가 판매자의 상품과 서비스를 경쟁자의 그것과 전혀 다르게 인식하도록 진행되어야 한다. 그래서 차별화는 ① 기능과 구성의 단순화, ② 목표고객 설정 및 세분화, ③ 소비자 인식변화유도의 세 방향으로 진행되어야 한다. 즉 소비자가 차별성을 느끼지 못하는 수많은 기능과 구성부품을 제거하여 단순화하고, 시장 전체고객 중에서 특정고객만을 대상으로 하며, 소비자가 인식하고 있는 가치기준을 변경하는 방법으로 차별화해야 한다. 예를 들면, 일반 중국음식점을 자장/짬뽕전문점으로, 일반음식점을 특정메뉴 전문점으로, 전체 여성 소비자 중 매운맛을 좋아하는 20~30대 여성을 목표고객으로, 건강에 유해하다고 생각하는 라면을 건강에 유익한 라면으로, 간식메뉴를 주식메뉴로 변경하는 방식이다.

[단순화를 통한 차별화 예]

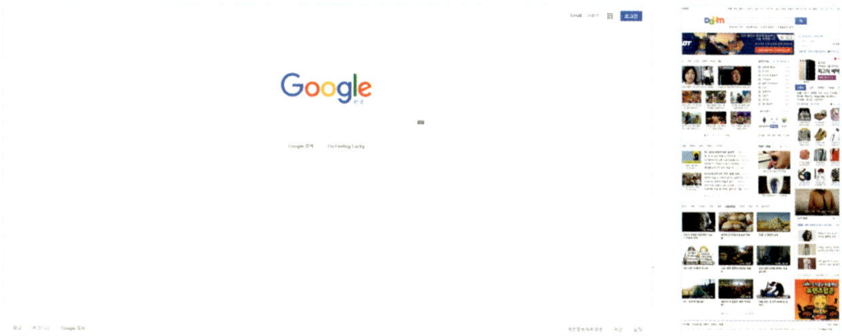

미세함이 차별화의 관건이다

차별화를 어려워하는 사람들의 공통점은, 차별화하려면 개선 범위와 혁신 정도(程度)가 파격적이어야 한다고 생각한다는 점이다. 그러나 차별화는 실행정도와 범위에 구애받지 않고, 수단과 방법에 따라 성공과 실패가 결정되지도 않는다. 차별화의 성공여부는 오직 소비자의 불편함과 요구사항을 어떻게 개선하고 반영할 것인가에 좌우되기 때문이다. 따라서 창업자는 소비자의 불만과 욕구를 정확히 간파하여, 상품과 서비스에 유효하게 반영할 줄 알아야 한다.

차별화 정도와 범위가 중요하지 않음을 증명하는 예를 들면, 경기도 광명시장 내 나물가게(호수상회)는 나물판매로 월 1억 원의 매출을 달성한다고 한다. 재래시장에서 30여 종류의 나물을 판매하면서, 인터넷 회원 가입한 회원 고객들에게 정기적으로 나물을 포장/배송하여, 자산 17억 원의 갑부가 되었다고 한다. 나물판매점이 전국에 하나만 존재하는 것도 아닌데, 어떻게 광명시장 나물가게만 월 1억 원의 매출을 달성할 수 있는가? 성공의 비밀은 소비자의 불편함이 무엇인지를 정확히 간파하고 개선하였다는 점에 있었다. 즉 생나물을 구입하면 소비자가 가정에서 재가공(데침)해야 한다는 불편함을 간파하고, 나물을 매장에서 가공(데쳐서)하여 판매하는 방식을 도입한 것이다. 이에 따라, 소비자는 재가공하지 않고 곧바로 요리할 수 있다는 편리함을 얻게 되었고, 당연히 매출액도 동반상승하게 되었던 것이다. 또한 노량진수산시장 내 생선가게(해영상회)는 빵으로 만든 케이크를 선호하지 않는 사람들을 대상으로 '회 케이크'를 판매한다고 한다. 수산시장 내 다른 생선가게와 동일한 방식으로 회를 판매하는 것이 아니라, 발상을 전환하여 '회'로 케이크를 만들어서 판매하는 것이다. 이에 따라 빵 케이크와 회를 같이 구매해야 하는 소비자의 경제적 부담감을 해소하고, 기존에 없던 '회 케이크'라는 새로운 상품을 출시함으로써, 틈새시장을 선점한 선두주자로서의 지위를 획득하게 된 것이다. 거창하고 파격적인 '다름'이 아니라 작고 미세한 '다름'만으로도, 이와 같이 경쟁우위를 점할 수 있고 새로운 시장을 창출할 수도 있다.

아이디어를 구상하는 방법

화장실에서 구상하고 메모하라

화장실은 개인이 가장 편안하게 쉴 수 있는 유일한 공간이다. 그래서 다른 사람을 의식하지 않고 개인의 생각을 정리하고 아이디어를 창출할 수 있는 최적의 장소이다. 따라서 아이디어를 구상할 때 화장실을 활용하면 유용하다. 따라서 화장실에 수시로 메모할 수 있는 메모장과 필기구를 비치한 뒤 수시로 기록해야 한다.

화장실에서 책을 읽어라

화장실은 사용자 개인만의 사적 공간이기 때문에, 사용자는 전용공간이 부여하는 안락함과 편안함을 온전하게 누릴 수 있다. 그래서 화장실에서는 신체감각이 이완되고 심리적으로 안정감을 느낄 수 있다. 따라서 화장실에서 책을 읽으면 집중력과 이해도가 높아져 책의 내용을 이해하기 쉽다. 그러므로 책을 통해 아이디어를 얻으려면 화장실에 책을 비치하여 책을 읽을 수 있는 환경을 조성해야 한다.

책을 읽지만 말라

책을 읽으면 저자의 지식과 정보를 습득할 수 있고, 저자의 경험을 간접 체험할 수 있으며, 관련분야의 변화추이를 확인할 수 있다는 장점이 있다. 그래서 독서는 사회인의 필수사항이 되었다. 다만 어떻게 읽고 어떤 내용을 취사선택할 것인가를 고민해야 한다. 즉 영감을 주고 중요하다고 판단한 문장과 생각을 어떻게 표시하고 활용할 것인가에 대한 검토가 있어야 한다. 예를 들면, 밑줄을 긋거나 형광펜 등으로 마킹(marking)하여 표시한 뒤, 표시 또는 기재한 문장을 취합한 메모장을 만들어서 책에 삽입하는 방식이다. 그럼으로써 읽은 사람의 영감과 아이디어가 책 속에 머물러 있지 않게 되고, 독서 종료 후 메모한 내용을 용이하게 활용할 수 있다.

아이디어만이 경쟁력이다

자연에서 배우고 활용하라

수많은 현대 과학기술이 자연현상 등을 모방/차용하여 개발되었고, 모방과 차용을 통해 탄생한 기술을 청색기술이라고 한다. 청색기술(blue technology)이란 수십억 년이라는 시간 동안, 시행착오와 선택이라는 진화과정을 통해 살아남은 존재들을 모방하거나, 이들 존재로부터 영감을 얻자는 취지로 탄생된 기술을 말하며, 청색기술이 적용된 대표적 사례는 매우 흔하여, 사막 방울뱀의 열 감지능력을 차용한 사이드와인더(Side Winder)미사일, 거미줄의 실크단백질을 이용한 수술용

봉합사와 인공인대 개발, 물에 젖지 않고 물방울을 튕겨 내는 '연잎효과'(Lotus effect)를 응용한 방수페인트와 방수코팅제 등이 대표적인 사례들이다. 또한 고속열차 앞부분을 물총새 부리와 머리 모양으로 디자인하여 빠른 속도로 인한 소음을 현저하게 감소시킨 일본 JR사의 신칸센도 청색기술이 응용된 사례 중 하나이다.

[청색기술의 응용사례]

ⓒ teachengineering

ⓒ psu.edu

신형 신칸센의 앞머리는 물총새의 부리를 닮았다 ⓒ psu.edu

이와 같이 아이디어를 창출하거나 차용할 수 있는 기회는 자연과 생활환경 주변에 수없이 존재한다. 따라서 창업자가 사회흐름과 자연현상에 어느 정도 관심을 갖고 어떻게 관찰하느냐에 따라서, 경쟁력 있는 아이디어의 창출여부가 결정되기도 한다. 경쟁우위는 결국 경쟁자가 모방하거나 복제할 수 없는 기술과 아이디어에 기초할 수밖에 없고, 모방/복제가 불가능한 기술과 아이디어 창출의 원천은, 창출자의 관심과 집중력에 의해 결정된다. 그러므로 창업자는 항상 아이디어와 사업내용과의 접목과 분리를 고민해야 하고 사고(思考)를 멈추지 말아야 한다.

특허아이디어 도출방식

특허아이디어 도출은 소비자의 불편함을 개선하거나 소비자의 삶을 단순화하는 발상에서 시작되어야 한다. 예를 들면, 빨래의 어려움을 해소한 세탁기, 음식물 보관의 불편함을 개선한 냉장고, 간편한 대용음식으로서의 패스트푸드, 무채용 채칼 등이 모두 사용상의 불편함을 개선하고 단순화하려는 의도에서 만들어진 제품들이다. 따라서 아이디어 발상 시에는 ① 다양한 기능과 성능을 부가하고 확대하는 방법과, ② 기능과 성능을 제외하거나 축소하는 방법을 동시에 고려해야 한다.

창업 아이디어의 전제조건

창업 아이디어를 도출하고 선정할 때의 전제조건은 ① 지속공급이 가능한가? ② 이익이 보장되는가?의 물음에 해답이 제시되어야 한다는 것이다. 즉, 창업 아이디어는 소비자들이 꾸준히 구매할 수 있고 수익률이 높다는 2가지 전제조건을 충족해야 한다. 따라서 트렌드 변화에 민감하거나 수익률 편차가 큰 아이템은 배제해야 한다.

아이디어 보호방법

창업 아이디어(제품화/서비스화)가 경쟁력을 갖기 위해서는 법적/제도적 안전장치를 강구해야 하는데, 가장 쉽고 유용한 방법이 특허/디자인/상표/저작권 등의 지식재산권을 획득하는 방법이다. 저작권은 한국저작권위원회 공식홈페이지(www.copyright.or.kr)에서 등록하면 되고, 특허/디자인/상표는 특허정보 검색사이트 키프리스(www.kipris.or.kr)에서 등록정보를 확인 후 특허청 특허로(www.patent.go.kr)에서 특허출원 신청하여 등록하면 된다. 단 변리사를 통하지 않고 출원인이 직접 출원하는 경우, 특허고객번호 발급과 전자출원SW 설치를 사전에 진행해야 한다. 일부 창업자는 지식재산권 신청/등록으로 인한 기술과 정보 노출을 염려하지만, 등록 여부에 따른 효용성을 비교하면 그 격차가 매우 크다. 즉 지식재산권은 창업자가 유용하게 경쟁할 수 있는 가장 큰 수단이자 무기이다.

창업아이디어를 발견하는 방법

불편함에서 발견하라

세상의 모든 제품은 사용자의 불편함에서 태어났다. 손빨래의 불편함을 세탁기가 대체했고, 식재료를 상온보관함으로써 부패하는 불편함을 해소하기 위해 냉장고가 만들어졌다. 그러므로 새로운 창업아이디어를 발견하려면 불편함을 갖는 제품과 방식에 관심을 가져야 한다. 또한 불편함의 범주는 사용상의 불편함뿐만 아니라 심리적 불편함도 해당되어, 기름에 튀긴 음식으로 인한 비만과 소화 장애 걱정을 해소하기 위해 삶거나 찌는 방식의 제품이 개발되었다.

기존 아이템을 개선하라

여성화장품처럼 여러 단계로 구분하여 바르는 방식을 번거로워하는 남성들을 위한 올인원화장품, 보관이 불편한 고체 키보드를 대체하는 말아서 보관하는 키보드, 일자형 젓가락질에 서툰 유아를 위해 고리를 부착한 유아전용 젓가락 등이 모두 기존아이템이 갖는 불편함을 개선하려는 목적에 따라 만들어졌다. 그러므로 새로운 아이디어의 발상은 이미 출시되어 판매되고 있는 기존제품과 서비스의 장/단점을 파악하려는 목적에서 비롯되어야 한다.

가용자원 한도 내에서 시작하라

창업아이템은 창업자가 보유한 자원(자금/인력/시간/협력자 등)의 가용한도를 먼저 파악한 후 찾아야 한다. 가용자원을 초과하는 아이디어는 실행가능성이 낮기 때문이다. 예를 들어, 비행기와 자동차를 만들 수 있는 혁신적인 아이디어가 있다면, 아이디어 보유자가 직접 제조하는 방법보다 제조회사에 아이디어를 판매하거나 협업을 제안하는 방법이 더 유용하다. 제조공장과 인력 등을 갖추지 못한 상황에서 직접 제조하기는 현실적으로 어렵기 때문이다. 그러므로 아이디어의 구상한계를 제한할 필요는 없지만, 구상하는 아이디어를 선별하여 진행 여부를 결정하는 판단기준에는 한계를 정해야 한다. 구상한계를 제한하면 그에 상응하는 아이디어가 발견된다.

관심도가 낮은 산업분야를 관찰하라

대중의 관심도가 낮은 산업분야에는 항상 기회와 수익이 존재한다. 관심도가 낮은 산업분야라고 시장이 존재하지 않는 것이 아니기 때문이다. 오히려 경쟁자가 적어 시장점유율을 확대하기 용이한 장점이 있다. 그러므로 아이디어 창업을 희망한다면 낮은 학력의 사업자가 종사하는 산업분야와 과거에 유행했던 산업분야에 관심을 가져야 한다. 예를 들면, 과거에 유행했던 브랜드를 저가에 구매하여 활성화하거나, 길거리음식을 매장음식으로 변경하는 방법 등이 있다.

다른 산업분야의 기술과 방식을 적용하라

땅속에서 0℃~영하 1℃로 일정한 온도를 유지하는 김칫독의 원리를 적용하여 김치냉장고를 개발하고, 투과력이 높은 마이크로파 특성을 이용하여 전자레인지를 만드는 방식 등과 같이, 다른 산업분야에서 적용 중인 기술과 방식을 진입하려는 산업분야에 적용하는 방법은 경쟁력이 있다. 그러므로 아이디어를 구상한다면 보편적으로 인식하는 기술과 방식을 의도적으로 다른 분야에 대입하는 시도를 멈추지 말아야 한다.

아이디어 연못을 만들어라

매우 뛰어난 아이디어라도 기억하지 못하면 소용이 없고, 대다수 아이디어는 순간적으로 떠올랐다가 사라지기를 반복한다. 그러므로 아이디어를 사업화하려면 아이디어가 떠올랐을 때 메모하는 습관을 기르고, 메모한 아이디어를 구체적으로 기록하는 저장매체(아이디어 연못)를 만들어야 한다. 연못에 물이 고이듯이 아이디어가 기록/저장되면 다양한 사업화 시도가 가능하다.

불치하문(不恥下問)… 질문에 해답이 있다

지위와 나이 또는 학식이 낮은 사람에게 묻는 것을 부끄러워하지 않듯이, 아이디어가 떠오르면 편견 없이 다양한 사람들에게 질문해야 한다. 경쟁력 있는 아이디어는 한 사람의 생각만으로 구체화되지 않기 때문이다. 질문을 통해서 구상한 사람이 미처 생각하지 못한 결점과 단점을 보완하거나 긍정적인 아이디어가 추가될 수 있다. 그러므로 핵심을 노출하지 않는 범위 내에서 관련분야 전문가와 종사자에게 질문하여 구상한 최초 아이디어를 보완/개선해야 한다.

경쟁자가 잘하는 부분을 모아서 차용하라

항상 문전성시를 이루는 점포와 구매율이 높은 제품과 서비스에는 소비자를 만족시키는 그들만의 장점이 녹아들어 있다. 즉 경쟁자가 잘하는 그 무엇이 소비자를 유인하고 구매토록 하는 것이다. 따라서 경쟁자가 잘하는 부분만을 모아서 창업자의 제품과 서비스로 구성하면 실패가능성이 낮아진다. 예를 들어, 삼겹살구이 전문점을 창업할 계획이라면, 경쟁자의 점포를 방문하여 그들만의 장점(A점포의 싱싱하고 다양한 채소 + B점포의 질 좋은 삼겹살 + C점포의 청결한 매장환경 + D점포의 깨끗한 유니폼 + E점포의 인기 있는 밑반찬 + F점포의 구이방식 등)을 복제하여 창업자만의 상차림을 만드는 방식이다. 경쟁자가 이미 수많은 시행착오를 통해 검증했기 때문에, 관련분야에 처음 진입하는 창업자의 오류 가능성을 줄이는 데 용이하다.

전체를 포기하고 부분에 집중하라

중국요리 전문점에도 자장면이 맛있는 집 또는 탕수육이 맛있는 집과 같이 점포별로 인기 있는 메뉴가 있다. 관련분야 선두업체라도 모든 메뉴를 잘할 수는 없고, 후발주자인 창업자는 더욱 그러하다. 따라서 역량이 한정적인 창업자가 선두주자와 경쟁하기 위해서는, 창업자가 잘할 수 있는 부분에 집중하여 전문화하는 방법을 선택해야 한다. 예를 들면, '홍콩반점 0410'처럼 메뉴를 단순화하여 집중하는 방식이다.

이제는 가치(價値)-소프트웨어(Software)다

과거에는 경쟁우위 확보를 위한 필수조건으로 기술/전문지식/속도 등이 매우 중요시되었다. 즉, 우수한 인적 자원 기반의 기술적 변별력과 차별화된 생산속도가 경쟁의 중요한 무기였다. 소비자의 주요 구매결정요인이 기능과 성능 및 출시 시점에 있었기 때문이다. 그래서 후발기업이 선두기업의 상품과 서비스를 모방하거나 개선한 상품을 출시해도 선두기업의 시장점유율은 하락하지 않았다.

그러나 현재는 특정분야를 제외하고 선두기업과 후발기업 간 기술적 격차가 꾸준히 축소되어, 소비자가 기능과 성능을 기준으로 상품특성을 구분하기 어렵게 되었다. 이에 따라 판매소구점도 기술적 변별력을 강조하는 '하드웨어적 차별화'에서, 가치와 감성 및 경험을 중요시하는 '소프트웨어적 차별화'로 변화하고 있다. 즉, 품질과 기능적 차이로 소비자를 설득하는 방식에서, 소비자가 얻을 수 있는 가치를 전달하고 감성을 자극하는 방식으로 전환되고 있다.

기능과 품질 및 디자인 등의 하드웨어는 직관적이고 수치화가 가능하여 조건이 충족되면 재구매욕구가 저하되지만, 상품 구매로 얻는 기쁨, 새로운 경험, 우월감, 만족감 등의 소프트웨어는 조건이 충족될수록 재구매욕구가 증가하는 현상을 나타낸다. 예를 들면, 잉크 충전의 불편함이 있는 명품 만년필이 각광받고, 웨딩드레스가 고가(高價)에 판매되는 현상이 이에 해당된다. 명품보유에 따른 만족감과 신부가 입는 결혼예복이라는 가치가 기능과 사용상의 불편함 등을 상쇄시키는 것이다.

산업분야의 주도세력이 변화하고 있다

세상은 끊임없이 변화하고 진화한다. 그래서 사회를 주도하는 세력도 시대흐름에 따라 변화하고 있다. 즉, 숙련된 기술력이 경쟁력이었던 블루칼라시대에서, 전문지식에 기초한 정신노동 중심의 화이트칼라시대를 거쳐, 창의력과 번뜩이는 아이디어로 승부하는 골드칼라시대로 산업분야 주도세력이 변화하고 있다. 따라서 21세기를 살아가는 창업자가 갖춰야 할 덕목은 경쟁자가 모방할 수 없는 창의적 아이디어 창출과, 경쟁우위를 점할 수 있는 정보취득 및 가공능력이다.

[주도세력의 변화추이]

Blue Collar	White Collar	Gold Collar
① 생산직 종사자 ② 숙련된 작업, 기계조작기술 보유 ③ 19세기 산업사회 선도	① 사무직 종사자 ② 전문지식, 능력 보유 ③ 20세기 산업사회 주도세력	① 지식재산 생산자, 정보가공자 ② 창의적 사고, 보석가치와 균등한 기발/신선한 아이디어 보유 ③ 21세기 정보사회 선도

공감(共感)하지 않으면 구매하지 않는다

소비자는 심정적으로 동의하지 않으면 행동하지 않는다. 즉 자신이 경험하거나 공감하지 않으면 무관심하거나 냉정하다. 그래서 걸인이 '배가 고파요 도와주세요'라고 구걸하면 외면하지만, '배고파 본 적이 있으신가요?'라고 하소연하면 기꺼이 도움의 손길을 내민다. 자신의 배고파 본 경험이 걸인의 하소연에 감정이입 되어 적극 공감하는 것이다. 그러므로 사업자는 판매하는 상품과 서비스에서, 소비자의 공감을 어떻게 이끌어 낼 것인가를 고민해야 한다. 힘든 군대생활 중 먹었던 건빵에 대한 향수로 군 전역자들이 건빵을 구매하고, 집밥에 대한 그리움으로 직장인들이 점심메뉴로 백반을 가장 많이 선택하는 것이다.

5. 음식점을 하려면 '윤식당'에서 배워라 》》》

종편TV 프로그램 중 연예인들이 한식을 메뉴로 식당을 운영하는 콘셉트의 '윤식당'이라는 예능프로그램이 있다. 외국인을 대상으로 연예인들이 직접 음식을 조리하고 손님을 접대하는 색다른 콘셉트와 이국적인 풍경에 대한 동경, 그리고 한식에 대한 외국인들의 반응을 확인하는 재미가 있어 인기가 높다. 점포창업을 희망하지만 창업과정에 대한 이해가 부족하고 전개방식을 모르겠다면 '윤식당'에서 배우면 된다. 예능프로그램이지만 점포창업의 정석을 보여주기 때문이다. 즉, ① 입지선정과 창업아이템 선정단계 - 출연 연예인들이 모여서 식당 개설지역과 주력메뉴에 대한 정보공유, ② 관련분야 지식 공부 및 기술습득단계 - 전문요리사로부터 음식 조리방법 학습, ③ 매장개설 준비단계 - 계획한 콘셉트에 따라 매장 인/아웃테리어 완성, ④ 사전 시장조사단계 - 현지인 대상의 제공예정 메뉴와 서비스 평가, ⑤ 개선 및 보완단계 - 시장조사결과를 반영한 메뉴의 맛과 서비스방식 수정, ⑥ 개점 및 판매단계 - 점포개점과 홍보 진행, ⑦ 지속가능대책 수립단계 - 매장운영 중에도 신규메뉴 개발 및 추가의 순서를 통해 점포 경쟁력과 미래 성장동력을 확보한다.

주력메뉴로 한식을 제공하지만 전통적인 한식조리법에 얽매이지 않고 현지화 함으로써 소비자의 기호와 입맛에 부응하고, 판매부진

메뉴는 신속하게 제거하고 대체메뉴를 제공하여 시장상황에 능동적으로 대처하는 방식이다. 창업도 이와 같아서 개점 전 명확하게 아이템과 콘셉트 및 목표고객이 결정되어야 하고, 경쟁자를 능가할 수 있는 차별화된 제품과 서비스를 보유해야 한다. 또한 소비자 기호변화에 따른 시장변화에 능동적으로 대처할 수 있는 대안(추가적 성장전략)이 수립되어 있어야 한다. 특히 기업의 영속성을 높이기 위해서는 현재의 단기성과에 얽매이지 않는 신제품과 서비스 개발이 필요하다.

6. 색상은 선점하는 사람의 것이다 〉〉〉

스타벅스(Starbucks)커피는 녹색, 이디야(Ediya)커피는 고동색, 디자이너 앙드레 김을 생각하면 하얀색이 연상되는 것처럼, 소비자가 브랜드를 생각할 때 함께 연상되는 이미지가 색상이다. 색상을 선점해야 하는 이유는 문자와 그림은 기억하지 못하더라도 색상이 전달하는 느낌은 오랫동안 기억 속에서 유지되기 때문이다. 색상을 가장 잘 활용하는 분야가 정치권으로, 파란색/빨간색/녹색/노란색 등 정당을 대표하는 색상을 지정하여 선거 등에서 사용하고 있는데, 정당의 색상은 유권자를 결집시키고 구성원의 결속력을 높이는 데 결정적인 역할을 한다. 그래서 정치인들은 정당을 대표하는 색상의 옷을 입고 넥타이를 매며 목도리를 두르는 것이다. 소비자가 문자보다 도형과 그림을 쉽게 인식하는 것처럼, 색상은 가장 직관적으로 소비자에게 브랜드를 홍보할 수 있고 소비자의 기억 속에 오랫동안 각인시킬 수 있는 유용한 수단이다. 그러므로 특정 색상을 선점하여 꾸준히 노출하면 소비자는 브랜드를 연상할 때마다 브랜드를 대표하는 색상을 연상할 것이다.

다만 색상을 선정할 때 고려해야 할 사항은 선두주자가 선점한 색상과 유사성을 갖는 색상 또는 일반적으로 부정적인 이미지로 인식되는 색상은 배제해야 한다는 점이다. 선두주자와 유사한 색상은 선두주자를 연상하는데 기여하고, 부정적으로 인식되는 이미지를 전환하기에는 많은 시간과 비용이 투자되어야하기 때문이다. 따라서 일반대중이 긍정적으로 인식하고 좋아하는 색상범주 내에서 색상을 선정해야 이미지 전달에 유리하다.

7. 창업에서 실패하지 않는 10가지 원리(原理) 〉〉〉

창업자금은 주머니 속 돈(Poket Money)이어야 한다

창업자금을 대출받거나 지인 등으로부터 조달받는 창업방식은 실패가능성이 높다. 원리금 상환에 대한 압박감이 창업자를 조급하게 만들어 쉽고 빠른 결정을 유도하기 때문이다. 이와 반대로 자기자금 한도 내 창업은 자금상환 압박감이 덜하여 의사결정에 여유가 생기고, 실패부담감도 적어서 계획대로 사업화를 진행할 수 있다.

창업을 통해 달성하려는 구체적인 꿈(Dream)이 있어야 한다

구체적이고 명확한 목표 또는 꿈이 없으면 사업과정 중 방향성을 상실하여 정체성을 잃게 된다. 예를 들어, '칼국수프랜차이즈 가맹점포 100호점을 3년 내에 모집하겠다' 또는 '인터넷 게임업체 세계 5위를 1년 이내에 달성하겠다'와 같은 구체적인 꿈이 있어야 한다. 꿈이 있는 창업자는 열정이 넘치고 쉽게 지치지 않으며 작은 실패에 좌절하지 않는다.

사업화를 위한 구체적인 아이디어(Idea)가 있어야 한다

구체적인 아이디어가 없으면 현재의 유행흐름을 따르는 제품과 서비스를 개발하거나 경쟁자를 모방하게 된다. 창업자만의 명확한 사업화 아이디어가 있어야만 주변상황에 흔들리지 않고 계획한 대로 일관되게 창업자만의 사업화 과정을 진행할 수 있다.

창업자의 꿈을 이해하고 적극적으로 동참할 협력자가 있어야 한다

애플의 스티브 잡스에게는 워즈니악이라는 공동창업자가 있었고, 알리바바의 마윈에게는 8인의 창업동료가 있었다. 창업자의 꿈을 이해하고 꿈의 달성과정에 동참하는 협력자가 있어야 창업자가 흔들리지 않으며 업무효율도 배가된다.

모든 것이 차별화되어야 한다

경쟁자와 유사 또는 동일한 방식의 기능과 품질이라면 무조건 바꿔야 한다. 창업자 스스로 '이 정도면 됐다'는 마음이 든다면 차별화되지 않은 것이다. '이런 것까지 바꿔야 하나?'는 동업자와 내부직원의 불평 섞인 질문이 나와야 비로소 차별화되었다고 할 수 있다.

사업방향성이 유행(Trend)에 부합해야 한다

아이디어와 아이템에 몰입하여 유행을 무시하거나 적대시하는 관점을 갖는다면 반드시 실패한다. 제품과 서비스가 고객의 관심과 욕망을 촉발하여 구매로 연결되어야만 수익이 창출되기 때문이다. 고객이 외면하고 수익창출이 어려운 사업아이템으로 창업자의 꿈을 달성할 수는 없다.

창업하려는 분야의 지식과 경험이 풍부해야 한다

관련분야에 대한 지식과 경험이 부족하면 가장 먼저 동업자와 직원이 알고, 두 번째로 관련 분야 종사자가 알며, 세 번째로 경쟁자가 알게 된다. 그리고 동업자와 직원이 무시하고 관련분야 종사자가 외면하며 경쟁자가 추월한다.

동원가능한 가용자원의 한계를 알고 있어야 한다

손익분기점을 달성하기까지 운용할 수 있는 자금과 인력 및 시간 한계를 인식하고 있어야 사업화과정을 조절할 수 있다. 한계를 무시한 무리한 투자와 부적절한 인력운용 및 시간배분은 경영상황을 악화시키는 주요원인이다.

실패를 두려워하는 마음이 있어야 한다-무모하지 않아야 한다

생각보다 행동이 앞서고 자신만의 사고체계에 몰입되어 시장상황을 고려하지 않으면 의사결정과정이 단순해지고 상황을 오판하게 된다. 그래서 주변인의 충고와 조언을 무시하고 자신만의 계획대로 무모하게 사업화할 수 있다. 계획은 언제든지 상황에 맞춰 수정할 수 있어야 하며, 실패에 따른 손실을 두려워해야 판단과 실행이 신중해진다.

지출은 신중하고 유용하게-돈을 아껴 써야 한다

투자자와 금융기관 또는 동업자의 돈은 창업자 돈이 아니다. 돈을 무서워하고 어려워해야 지출이 신중해지고 유용해질 수 있다. 반드시 지출해야 하는 돈과 다른 것으로 대체가능한 돈을 구분하지 못하면 경영이 방만해질 수 있다. 또한 필요자금 한도 내에서 대출금과 투자자금을 조달받아야 불필요한 지출을 줄일 수 있다.

8. 창업자에게 필요한 7가지 자기경쟁력 〉〉〉

시장흐름을 읽는 안목

소비자가 무엇에 관심을 갖고 좋아하는지 관찰해야 한다. 소비자를 이해하지 못하면 그들의 구매를 이끌어 낼 수 없다. 창업자가 좋아하고 관심을 갖는 색상/기능/디자인/소재/규격/방식 등은 중요하지 않다.

주변인을 설득할 수 있는 독립적 사고

다른 사람과 이해당사자의 의견에 흔들리지 않고 자신만의 신념을 꾸준히 관철해야 한다. 달성하려는 목표(꿈)가 분명하면 사고체계가 독립적일 수 있고 추진력도 갖출 수 있다.

사업 관련분야 상식

관련분야 종사자들에게 무시당하지 않고 협력을 이끌어 내려면 그들의 용어와 상식을 습득해야 한다. 현장생리를 파악하고 관계자들의 호응을 이끌어 내는 가장 좋은 방법은 현장관계자 그들만의 용어로 얘기하고 그들끼리 공유하는 상식을 갖추는 것이다.

관련자의 조언을 경청하는 열린 마음

다른 사람의 경험을 통해 습득한 공통의 노하우(간접경험, 정보습득 등)를 창업자만의 경쟁력 있는 노하우(Knowhow)로 재가공해야 하며, 관련분야 종사자의 충고와 조언에 대한 경청은 노하우 습득의 지름길이다.

자신만이 갖고 있는 장점

경쟁력을 갖추기 위해서는 시장흐름을 관통하는 통찰력, 모방하기 어려운 품질을 구현하는 기술력, 동업자와 직원을 통솔하는 리더십, 상대방의 협력을 이끌어 내는 친화력 등 자신만의 장점이 무엇인지를 확인하고 극대화할 수 있어야 한다. 그리고 잘 할 수 있는 분야 이외의 업무와 권한은 동업자 또는 직원에게 과감하게 이양해야 한다.

시장흐름 변화에 대응하는 전략수립능력

현재의 시장상황과 별개로 2~3년 뒤의 미래를 대비하는 전략이 수립되지 않으면 시장이 변화할 때 대응할 시간이 없다. 현재의 제품이 2~3년 뒤 매출을 보장할 수 없고 유행과 시장상황은 끊임없이 변화하기 때문이다. 따라서 제품 또는 기간별 대응전략이 수립되어야 시장이 변화할 때 당황하지 않는다.

효율적인 시간관리 계획

창업초기 창업자들은 넘쳐나는 시간 때문에 당황스러워한다. 다른 사람에서 창업자 자신으로 시간 관리 주체가 변경되고, 직장과 학교 생활처럼 정형화된 시간 제약의 영향을 받지 않기 때문이다. 그래서 엄격하게 시간을 통제하고 계획대로 관리할 수 있는 시간 관리계획 수립과 준수 여부에 따라 사업의 성패가 달라지기도 한다.

9. 틈새시장 창업아이템 》》

합의금과 보석금 대출/대납(代納)업

- 업태: 여신금융업
- 종목: 금융업(대부중개업)
- 형태: 사무실운영방식
- 자금규모: 1억 원 이상
- 주요 경쟁자: 대부업체 / 법조인 / 은행 등 금융권

사업 분석

① 사업 환경

민/형사 사건 해결에는 다양한 명목의 비용지출이 많고, 합의금과 보석금은 금액이 큰 경우가 많다. 이에 따라 당사자들의 경제적 부담감이 높고, 제1금융권과 제2금융권을 이용할 수 없는 경제적 취약계층은 대부업체 등의 제3금융권을 이용할 수밖에 없다. 그리고 제3금융권 이용자 대다수가 높은 원리금 상환 압박으로 어려움을 겪고 있다.

② 경쟁자 분석

제1금융권은 고액의 대출금을 비교적 낮은 금리로 대출받을 수 있지만 제약조건이 많고, 제2금융권은 제1금융권 대비 대출이율이 높으며, 제3금융권은 대출금액이 적고 대출이율은 매우 높다.

③ 소비자 분석

2017년 3월말 기준 국민행복기금이 관리하는 1천만 원 이하 10년 이상 장기연체 채권 잔액은 4조 4,848억 원이고, 채무자는 123만 3,000여 명에 달하며, 2017년 6월 기준 금융채무불이행자수는 약 104만여 명으로 집계되었다.

④ 성장가능성 분석

대부업체 난립에 따른 경쟁심화로 인해 대출자 수요에 특화된 대출상품이 등장할 가능성이 높고, 법적분쟁 해소에 특화된 대부업체의 출현 가능성도 매우 높다.

⑤ 위험(Risk) 분석

주요 목표 소비자가 1/2군 금융권을 통한 자금조달에 어려움을 겪는 신용불량자와 단독세대 청년 등 경제적 취약계층이므로, 경제적인 이유로 대출금 상환을 중단할 수 있다.

⑥ 수익성 분석

대출한도를 100만 원 이내로 한정하고, 대부업체 법정금리 대비 50% 수준의 이율을 적용하면, 채권 미회수에 따른 손실가능성을 낮추고 활발한 대출수요를 창출할 수 있다.

사업기회

① 형사합의금과 보석금 납부를 주력사업으로 운영하는 대출기관이 없다.

② 취약계층이 저리(低利)로 대출받을 수 있는 대출기관이 한정적이다.

③ 사회복지단체와 연계하여 공익사업화 할 수 있다.

사업전략

① 변호사/법무사협회 등과 협업/계약하여 신뢰도를 높인다.
② 보증보험기관과 계약하여 대출금액을 보증하고 회수율을 높인다.
③ 대부금융협회 등의 관련분야 이익단체에 가입하고 정부인증을 획득하여 공신력을 확보한다.
④ 당사자와 가족 등 주변인들의 재정 상태를 고려하여 보증금액을 차등 적용한다.
⑤ 홈페이지를 구축해서 홍보하고 신청과 회수절차 등의 정보를 제공한다.

경영전략

① 변호사/법무사 등에게 수수료를 지급하고 사건당사자를 소개받는다.
② 대출이율을 제3금융권의 최저이율보다 낮고 제1금융권의 최고이율보다 높게 책정한다.
③ 대출금 회수기한은 6개월 이내로 한정하고 담보물을 확보한다.
④ 사회적 기업 형태로 운영하여 공익성을 높인다.

★**Tip** 여신금융업자격 등 법적공신력 확보와 법률 전문가와의 협업이 필요하다.

사업화 진행순서

시장조사단계

- 틈새시장 확인
  - 대출수요/소송건수 등
- 인증자격취득요건 확인
  - 대부업/채권추심업 등

⇨

계획/준비단계

- 투자자금 유치
- 채권/수익보전 방안수립
- 사업계획서 작성
- 브랜드/로고 구축

⇨

실행단계

- 관계회사협업계약 체결
- 홈페이지 구축/직원채용
- 영업조직/정보망 구축
  - 법률분야종사자/관계자

⇨

판매/영업단계

- 홈페이지 홍보/광고
- 오프라인 상담창구 개설
- 공익활동 병행/홍보
- 손해보증보험 가입

인터넷 쇼핑몰 의류종합전시장

- ▶ 업태: 도/소매
- ▶ 종목: 의복소매업
- ▶ 형태: 점포운영방식
- ▶ 자금규모: 1억 ~ 2억 원(점포권리금 포함 / 지역별 편차가능성 존재)
- ▶ 주요 경쟁자: 인터넷쇼핑몰 / 점포형 의류판매점 / 브랜드 직영매장

사업 분석

① 사업 환경

인터넷의 발달로 인터넷쇼핑 경험비율이 93%를 넘는 추세이고, 인터넷쇼핑 구매율과 비례하여 상품에 대한 소비자 불만도 증가하고 있다. 하지만 이를 해소할 수 있는 방법은 교환과 반품 등의 소극적 수단 이외에 특별한 대안이 거의 없는 실정이다.

② 경쟁자 분석

개별사업자 단위로 매장과 쇼핑몰을 운영 중이고, 판매상품 구매(Sourcing)는 사업자의 기호와 취향에 따라 좌우되며, 사업자별로 패턴/디자인/색상 등으로 판매상품의 차별화를 시도하고 있다.

③ 소비자 분석

개인별 취향에 맞는 상품을 구매하기 위해 백화점/편집숍(Shop) 등 다수의 매장을 방문한 뒤, 비교적 저렴한 가격대의 인터넷몰에서 유사상품 또는 동일상품을 구매하는 추세가 증가하고 있다.

④ 성장가능성 분석

온라인 상품이 오프라인매장에서 전시/판매됨으로써, 판로확대를 희망하는 판매자와 상품을 직접 체험/교환하려는 소비자의 욕구를 동시에 충족시킬 수 있다. 이에 따라 온라인과 오프라인매장의 약점을

상호 보완하는 협업매장은 지속적으로 증가할 것이다.

⑤ 위험(Risk) 분석

매장을 대표하는 브랜드가 구축되지 않았거나 온라인매장 업체의 참여도가 낮을 경우 유사한 운영방식의 매장 난립이 예상된다.

⑥ 수익성 분석

매장전시 수수료와 판매대행 수수료 수입이 가능하고, 계약에 따라 전시상품의 수시교체가 가능하며, 판매분 정산방식으로 재고부담이 없다. 또한 입점상품별 판매추이를 관찰할 수 있어서 트렌드변화에 맞는 자체상품 개발이 용이하다.

사업기회

① 인터넷매장 상품 전문 오프라인매장은 소수에 불과하다.

② 인터넷쇼핑의 근본적인 문제점(체험 및 재질/기능 확인 불가능)을 극복할 수 있는 대안이 없다.

③ 인터넷을 통해 상품을 홍보하고 구매후기를 확인하는 마케팅에 한계가 있다.

④ 인터넷 구매 후 색상/치수/기능/재질/디자인/성능 등에 대한 불만족 사유로 반품/교환하는 소비자가 많다.

사업전략

① 인터넷몰 사업자의 주력상품을 전시/판매한다.

② 판매가격은 인터넷몰 가격대비 10% 이상 높은 가격으로 판매한다.

③ 시험착용 상품을 전시하여 소비자가 직접 체험하도록 한다.

④ 상품 진열 기간을 상품별로 차등 적용하여 트렌드 변화를 반영한다.

경영전략

① 개인사업자 인터넷몰 상품을 주력상품으로 전시/판매한다.
② 인터넷몰 상품 중 소비자에게 주목받는 상품을 전시한다.
③ 인터넷몰 사업자가 부담하는 매장 입점수수료와 관리비를 주요 수익원으로 한다.
④ 계약기간을 월/분기/반기 등으로 차등하여 입점비율을 높인다.
⑤ 입점업체와 공동의 비용으로 전시매장을 홍보한다.
⑥ 유동인구가 많은 지역에 전시매장을 조성한다.
⑦ 관리비 월별 정산방식으로 매출변동에 따른 수입금액 편차를 줄인다.
⑧ 신규브랜드와 신규상품에 대한 공동 마케팅활동을 제안한다.
⑨ 전시매장에서 브랜드별 상품 전시회와 패션쇼 등을 진행하여 소비자들의 관심을 유도한다.
⑩ 입점업체별 상품재고를 최소화하고, 교환/반품 등의 A/S 행정사무를 대행한다.

★**Tip** 온라인몰 이외의 부가적인 매출처로서의 장점을 부각해서 입점을 유도해야 한다.

사업화 진행순서

시장조사단계	⇨	계획/준비단계	⇨	실행단계
• 입점희망업체 조사 • 개설예정지역 상권분석 – 유동인구/연령대/소득 • 투자자금 조달방안 모색		• 사업계획서 수립/작성 • 입점업체 리스트 작성 • 개점예정 점포정보수집 • 개점비용 조사/산출		• 판매물품 위/수탁계약 – 인터넷쇼핑몰 사업자 • 점포임차계약/인테리어 • 직원채용/서비스교육

⇨

판매/영업단계

- 브랜드/로고 구축
- 입점상품 판매, A/S
- 홈페이지 구축/홍보
- 이벤트/패션쇼/시연실시

⇨

확장단계

- 프랜차이즈 전개
  - 위탁판매시스템 구축
  - 입점업체 모집/확대
  - 자체브랜드 상품개발

종교별 장례식장

- ▶ 업태: 개인서비스업
- ▶ 종목: 장례식장 및 관련 서비스업
- ▶ 형태: 점포운영방식
- ▶ 자금규모: 10억 원 이상
- ▶ 주요 경쟁자: 병원부설 장례식장, 사설 장례식장

사업 분석

① 사업 환경

장례식장은 병원부설 장례식장과 사설 장례식장으로 분류되며, 특정 종교인만을 위한 독립적인 장례식장이 없어서 장례식장 내에서 각 종교별로 장례행사가 분리되어 진행되고 있다.

② 경쟁자 분석

쾌적하고 편안한 장례식장을 선호하는 소비자 의식변화에 따라, 병원부설 또는 대기업 장례식장이 다양한 부대시설을 구비한 고급형 장례식장으로 변모하고 있는 추세이다.

③ 소비자 분석

부대시설이 잘 갖춰진 고급형 장례식장을 선호하고, 복잡하고 번거로운 장례절차를 위탁하여 진행하려고 하며, 매장(埋葬)방식보다 화장(火葬)방식이 점차 증가하고 있는 추세이다.

④ 성장가능성 분석

각 종교별로 특화된 장례식장이 없어서 경쟁자가 없고, 각 종교인들의 선호도가 높을 것으로 예상된다.

⑤ 위험(Risk) 분석

목표고객을 각 종교별 종교인으로 한정하여 시장규모와 수요가 축소될 수 있고, 지리적 여건에 따라 접근성이 낮은 지역의 소비자를

유치하기 어렵다.

⑥ 수익성 분석

개별종교에 특화된 시설과 장례절차를 판매소구점(訴求點)으로 활용하여 경쟁자 대비 높은 가격을 청구할 수 있다.

사업기회

① 종교별 전문 장례식장을 운영하는 사업자가 없다.
② 종교별 장례식순이 달라서 전용장례식장을 희망하는 소비자가 많다.
③ 종교인 특성상 종교별 전문 장례식장은 일반 장례식장보다 높은 수익을 기대할 수 있다.
④ 경쟁자가 없어서 브랜드 구축이 용이하고 시장점유율을 높일 수 있다.

사업전략

① 기존 장례식장을 리모델링하여 종교 전문 장례식장으로 변경한다.
② 종교 전문 장례식장이라는 차별성으로 각 종교시설과 단체에 홍보/영업한다.
③ 브랜드를 구축하여 전문 장례식장 이미지를 강조한다.

경영전략

① 일반 장례식장 대비 사용료를 20% 높게 책정한다.
② 종교단체/기관 등과 연계하여 매출실적에 따른 수익을 배분한다.
③ 상조회사 등과 계약하여 이용률을 높이고 수수료를 지급한다.
④ 종교별 전용 추모공원과 계약하여 원스톱(one-stop)서비스를 제

공하고 편리성을 높인다.

⑤ 단체급식회사/유명 음식점을 유치하고, 종교용품을 판매하여 부가수익을 획득한다.

★**Tip** 장례식장 설립인가 취득 및 종교별 영업망 구축을 통해 초기 고정수익을 창출해야 한다.

사업화 진행순서

시장조사단계

- 종교별 장례식장 수요 파악/수익성 판단
- 사업인가 조건 확인
- 기존 장례식장과 협업

⇨

계획/준비단계

- 사업자등록/법인설립
- 사업계획서 작성
- 투자설명회/자금유치
- 종교단체–협업계약체결

⇨

실행단계

- 기존 장례식장 협업
  - 협업/수익배분 계약
  - 직원교육/리모델링
- 브랜드/시스템 구축

⇨

판매/영업단계

- 종교별 영업망 구축
- 마케팅(광고/홍보) 실시
  - 종교시설/상조회사 등
- 온라인 홈페이지 개설

⇨

확장단계

- 영업–일반 소비자
- 프랜차이즈 전개
- 제휴–추모공원/납골당 화장장, 급식업체 등

30~40대 회원제 모임 공간

- ▶ 업태: 숙박 및 음식점업
- ▶ 업종: 일반 유흥주점업
- ▶ 형태: 매장운영방식
- ▶ 자금규모: 1억 원 이상
- ▶ 주요 경쟁자: 룸살롱 / 스탠드바 / 나이트클럽

사업 분석

① 사업 환경

일반 유흥업소는 비회원제로 연령구분 없이 성인이면 이용가능하지만, 일부 소비자는 자격심사를 통해 출입을 제한하는 회원제 매장을 선호한다. 그래서 연령/취미/기호 등을 심사하여 출입자격을 제한하는 그들만의 사적공간이 조성되기를 희망한다.

② 경쟁자 분석

룸살롱과 스탠드바 등이 독립된 공간을 보유하고 있지만 다수의 불특정 고객이 사용하고 있고, 회원제로 운영 중인 호텔매장은 회원제 고객을 위한 전용공간을 확보하고 있지 않다.

③ 소비자 분석

동호회/취미모임 등을 위한 전용공간 조성을 희망하는 사람들이 많고, 사회활동이 활발한 30~40대 연령층은 각종 모임과 행사 등에 참석하는 데 적극적으로 참석한다.

④ 성장가능성 분석

온라인 모임을 오프라인 모임으로 변경하여 직접 교류하려는 사람들이 많고, 유흥과 상시 만남을 겸할 수 있는 전용공간이 부족해서 기존매장의 프랜차이즈화도 가능하다.

⑤ 위험(Risk) 분석

방문고객 성향과 매장 인테리어 및 분위기에 대한 호불호가 존재하고, 고정회원이 확보되지 않은 사업초기에 수익률이 낮을 수 있다.

⑥ 수익성 분석

회원등록비와 연회비를 부가수익으로 획득할 수 있고, 제공하는 상품과 서비스를 일반매장 대비 20%~30% 높게 판매할 수 있다.

사업기회

① 특정 연령계층만 출입을 허용하는 유흥매장이 소수에 불과하고, 소비자들은 개인별 취향에 따라 단골매장이 있다.

② 식/음료매장이 유흥 목적 이외의 공간으로 활용되고 있는 추세이다.

- 동호회/동창회/인적 네트워크 교류 등을 위한 모임장소로 식/음료매장이 활용되고 있다.
- 모임별 전용공간으로 활용되는 식/음료매장이 소수에 불과하다.

③ 취미/직업/연령 등을 심사하여 출입을 제한하는 전용매장이 소수이다.

사업전략

① 동호회/SNS 모임 등을 대상으로 홍보하고 영업한다.

- 연간 계약 또는 일정기준 계약회수 달성 시 부가서비스 혜택을 제공한다.

② 고정고객은 개인 또는 모임 전용 키핑(keeping)서비스를 제공하여 일반고객과 차별화한다.

③ 전통적이고 고급스러운 인테리어 콘셉트로 회원들의 자부심을 높인다.

④ 연회비 규정과 회원제를 적용하여 회원의 소속감을 높인다.

경영전략

① 상품과 서비스 가격을 일반매장 대비 높게 책정한다.

- 회원은 회원자격 제한, 회원자격 심사 등으로 발생하는 차별화 비용에 관대하다.

② 회원카드를 발급하여 회원의 자부심을 높인다.

- 회원카드 등급을 정하고 수량을 한정하여 희소성을 높인다.

③ 24시간 운영하고 회원의 상시출입을 제한하지 않는다.

④ 다양한 관심과 취미를 반영한 집기비품을 배치한다.

⑤ 만남주선, 비즈니스 day, 미술/음악/문학/재테크 초청강의, 소공연 등의 다양한 이벤트 진행으로 회원의 만족감을 높인다.

★Tip 매장 인테리어와 회원가입 조건(자격/제약사항 등)에 대한 차별화를 통해 가입회원의 자긍심을 자극해야 한다.

사업화 진행순서

시장조사단계

- 수요/경쟁자 조사
  - 동호회/SNS모임 분석
  - 소득상위층 소비패턴
- 유흥문화/트렌드 분석

⇨ **계획/준비단계**

- 사업계획 수립/작성
- 손익분석/운영방식 선정
- 브랜드/로고 구축
- 수요자 정보리스트 작성

⇨ **실행단계**

- 홈페이지 구축/홍보
- SNS모임/동호회 홍보
- 회원모집/이벤트실시
- 점포계약/인테리어 등

⇨ **판매/영업단계**

- 홍보용DM 제작/발송
- 정기이벤트 실시/홍보
- 미술/음악행사 등 실시
- 상류층마케팅 실시

인맥 네트워크 사이트(사교쉼터)

- 업태: 수리 및 기타 개인서비스업
- 업종: 그 외 기타 개인서비스업
- 형태: 매장운영방식
- 자금규모: 1천만 원 이하
- 주요 경쟁자: SNS모임, 동호회, 동문회 등

사업 분석

① 사업 환경

지연, 학연, 동호회 등의 모임은 존재하지만 사회/경제적 지위와 부의 축적정도로 가입을 제한하는 모임은 활성화되지 않고 있다.

② 경쟁자 분석

소그룹 단위로 일부 전문 직업군 및 학연/지연 모임이 진행되고 있지만, 물리적인 교류의 한계가 존재한다.

③ 소비자 분석

사회/경제적으로 일정수준 이상의 성취를 달성한 사람들만의 교류를 희망하는 욕구가 존재한다.

④ 성장가능성 분석

소모임 형태로 사회 · 경제적인 성취를 달성한 사람들 간의 교류가 진행되고 있지만, 직종/ 학연/지연을 초월한 인터넷상 모임은 존재하지 않는다.

⑤ 위험(Risk) 분석

직종/학연/지연 모임의 한계를 초월하는 수요자 발굴 및 회원모집의 어려움이 있고, 온라인 모임 형태에 부정적일 수 있다.

⑥ 수익성 분석

회원가입 및 연회비 수입과 이벤트행사를 통한 수익창출이 가능하다.

사업기회

① 사회/경제적 지위와 재력을 심사기준으로 가입을 제한하는 사이트는 소수이다.
② 사회/경제활동 증가에 따라 인적 교류 대상자도 증가하고 있다.
③ 시간과 장소에 구애받지 않는 회원들만의 온라인 공간을 희망하는 소비자가 많다.

사업전략

① 참가기준에 부합되는 사람들을 인적 네트워크를 활용하여 모집한다.
② 참가기준을 구체적으로 명시하여 회원자격을 엄격히 제한한다.
③ 모임 운영을 위한 회칙 제정과 집행부 구성 등 운영체계를 구축한다.

경영전략

① 회원 수를 한정하여 희소성을 높이고 가입회원의 자부심을 높인다.
② 구체적인 회원자격 기준을 제시하고 다단계 자격심사로 검증한다.
③ 모임 운영 및 회원관리 목적으로 연회비를 청구한다.
④ 회원에게 문화/스포츠행사 및 쇼핑/여행 등 다양한 이벤트 정보를 정기적으로 제공한다.
⑤ 상품분야별 명품회사와 연계하여 회원 대상 이벤트행사를 진행한다.

★ **Tip** 저명인사 섭외 및 회원가입을 유도하여 인적 네트워크 구축에 관심 있는 사람들의 욕구를 자극해야 한다.

사업화 진행순서

시장조사단계

- 수요확인 및 예측
  - 동호회/동창회/모임 등
  - 운영방식/형태/횟수 등
  - 구성원 분포, 직업 등

⇨

계획/준비단계

- 사업계획 수립/작성
- 목표고객 선정기준 결정
- 인적 네트워크 구성
- 수익/비용분석, 예측

⇨

실행단계

- 홈페이지 개설/홍보
- 관련분야별 협업계약
- 가망고객 리스트 작성

⇨

판매/영업단계

- 브랜드/로고 구축
- 이벤트 행사 진행
  - 공개강좌/경매/시음회
- 회원소개/가입유도

집사학교

- ▶ 업태: 교육서비스업
- ▶ 업종: 교육지원 서비스업
- ▶ 형태: 매장운영방식
- ▶ 자금규모: 1억 원 이상
- ▶ 주요 경쟁자: 직업전문학교, 취업학원, 공공기관 직업훈련원

사업 분석

① 사업 환경

가사 도우미가 가정 내 가사를 전담하고 비서 등이 대외업무를 보조하지만, 내/외 업무를 총괄하는 집사는 소수이고, 대학에서 비서직 업무에 대해 교육하지만 전문직업인으로 인정받지 못하고 있다.

② 경쟁자 분석

의전/경호/비서업무는 대학 등에서 교육하고 있지만, 집사업무를 체계적으로 교육하는 교육기관은 전무하다.

③ 소비자 분석

부유층 증가 및 사회구조의 세분화에 따라 개인을 전담 관리하는 전문가를 고용하려는 수요는 증가할 것이다.

④ 성장가능성 분석

사회구조의 다양화에 따라 개인의 대내/외 업무를 전담하여 관리하는 전문직에 대한 수요는 증가할 것이다.

⑤ 위험(Risk) 분석

브랜드 인지도 제고 및 유사업무 교육기관과의 차별화가 선행되지 않으면 자금력이 풍부한 후발주자에게 추월당할 가능성이 높다.

⑥ 수익성 분석

국내 전문 교육기관이 전무하여 가격결정권이 판매자에게 있고,

채용대행 수수료 등의 부가수익을 기대할 수 있다.

사업기회

① 개인의 대/내외 업무를 총괄 관리하는 사람에 대한 수요는 꾸준히 증가할 것이다
② 집사를 전문직업인으로 양성하는 교육기관이 전무하다.
③ 기존 인력공급업체 대한 소비자 신뢰도가 낮다.
④ 연예기획사들이 전담 매니저를 통해 연예인을 대상으로 유사 업무를 제공하고 있다.

사업전략

① 교육수료자에게 채용대행 서비스를 저가에 제공한다.
② 교육수료자 대상 보증보험 가입 및 인적/물적 담보계약 체결로 고용자의 신뢰도를 높인다.
③ 성별/학력수준/전문지식 등 수요자 요구 맞춤형 인재를 추천하여 고용만족도를 높인다.
④ 정부기관 인증을 통해 1년 정규과정을 개설하고 수료증을 수여한다.

경영전략

① 대학 평생교육원과 협업하여 교육시설 이용 및 교과과정 개설 등 교육환경을 조성한다.
② 범죄와 사고로 인한 금전적 손실을 담보하기 위해 수료자의 보증보험 가입을 의무화하고, 인적/물적 담보를 설정하여 손실을 최소화한다.
③ 취업추천 시 복수의 맞춤형 정보를 제공하여 수요자 만족도를

높인다.

④ 채용대행업체와 협업 계약하여 채용정보를 공유한다.

⑤ 외국 집사학교 프로그램을 차용하여 교육한다.

★**Tip** 해외 전문학교 및 정부/교육기관과 협업계약 체결과 채용희망업체 리스트를 작성하여 공신력을 확보해야 한다.

사업화 진행순서

시장조사단계

- 시장수요/규모 확인
- 관련분야 업체 파악
- 교육기관 수/운영현황
- 수익/비용구조 분석

⇨

계획/준비단계

- 사업계획서/로드맵 작성
- 인증신청/교육과정 신설
- 교육기관 확보/운영계획 수립
- 사업설명/투자자금 유치

⇨

실행단계

- 브랜드/로고 구축
- 홈페이지 구축/홍보
- 교과과정/강사진 구성
- 교과과정 협업계약

⇨

판매/영업단계

- 취업교육업체 방문/홍보
- 취업알선업체 협업계약
- 저명인사 초청강연
- 교육기관 방문/홍보

스스로 요리하는 파티전문 음식점

- ▶ 업태: 숙박 및 음식점업
- ▶ 업종: 음식점업
- ▶ 형태: 점포운영방식
- ▶ 자금규모: 1억 원 이상
- ▶ 주요 경쟁자: 간이음식점, 이동음식점, 요리학원, 공유키친 프랜차이즈

사업 분석

① 사업 환경

소비자가 구매 후 즉시 조리할 수 있도록 반조리 식품과 손질된 조리재료를 공급하는 업체는 소수이고, 대다수 음식점이 조리된 음식을 제공하고 있다.

② 경쟁자 분석

일부 음식점(어묵튀김/즉석라면/즉석떡볶이/전투식량)에서 소비자가 직접 조리할 수 있지만 재료와 조리법이 단순하고, 조리에 필요한 공간과 집기비품을 제공하는 음식점은 소수이다.

③ 소비자 분석

가정 이외의 장소에서 음식을 직접 조리하여 섭취하거나 다른 사람에게 제공할 수 있는 공간이 한정되어, 가정 이외의 장소에서 소비자가 직접 조리하여 파티 또는 모임을 진행하기 쉽지 않다.

④ 성장가능성 분석

음식을 직접 조리하려는 소비자가 많고, 동창회/동호회 등의 모임이 활성화됨에 따라, 소비자가 직접 조리하는 매장에 대한 수요는 증가할 것이다.

⑤ 위험(Risk) 분석

집기시설과 조리공간만 확보되면 매장개설이 가능해서 자본력 있

는 후발주자의 추격이 용이하고, 매장규모와 집기시설 구비정도에 따라 사업성패가 좌우될 수 있다.

⑥ 수익성 분석

매장 임대료와 집기시설 감가상각비를 제외한 고정비용이 적어 수익창출이 용이하고, 재료공급에 따른 추가수익을 기대할 수 있다.

사업기회

① 대다수 음식점이 조리사가 직접 조리한 음식을 제공하는 구조이다.

② 일반음식점에서 개인별 맞춤형 음식을 제공받을 수 없다.

③ 소비자는 자신만의 조리법으로 만든 음식을 섭취하기 희망한다.

④ 생일/기념일 등을 기념하기 위해 자신이 직접 조리하는 것을 좋아하는 소비자가 많다.

사업전략

① 유명 요리사/요리연구가를 초빙하여 이벤트 요리 Day를 진행한다.

② 조리에 필요한 기본재료와 집기비품을 구비하여 소비자가 직접 조리할 수 있게 한다.

③ 음식종류와 관계없이 조리 가능한 매장환경을 구축한다.

④ SNS와 유튜브를 활용하여 매장환경을 공개하고 광고한다.

경영전략

① 이벤트 진행 시 부가서비스(와인/꽃/동영상 등)를 무료 제공한다.

② 매장 사용자에게 브랜드가 인쇄된 앞치마 등을 무상 제공한다.

③ 매장 사용료와 재료공급 비용을 분리하여 정산한다.

④ Take-Out 용품을 비치하고 무상 제공하여 사용자 만족도를 높인다.

⑤ 유명요리사와 협업계약을 체결하여 브랜드 인지도를 높인다.

★Tip 목표고객인 20~30대의 관심을 유발할 수 있는 차별화된 인테리어 및 운영 콘셉트가 필요하다.

사업화 진행순서

시장조사단계

- 시장규모/경쟁업체 수
- 소비트렌드 분석
- 잠재적 경쟁자 분석
- 손익/비용구조 확인

⇨

계획/준비단계

- 사업계획 수립/작성
- 음식점 관련 인증 취득
- 입점예정 점포 탐색
- 브랜드/로고 구축

⇨

실행단계

- 인/아웃테리어 공사
- 집기비품 제작/구비
- 운영계획안 작성
- 관리인력 채용/교육

⇨

판매/영업단계

- 홈페이지 개설/홍보
- 동호회/모임 등 홍보
- 온/오프 정기회원 모집
- 협업업체 계약/이벤트

⇨

확장단계

- 프랜차이즈 전개
- 시스템/매뉴얼 구축
- 고정메뉴/재료 확장
- 주/야 이원운영체계

반려동물용 맞춤의류제작업

- ▶ 업태: 제조업
- ▶ 업종: 기타 봉제의복 제조업
- ▶ 형태: 재택근무방식
- ▶ 자금규모: 2천만 원 이하
- ▶ 주요 경쟁자: 반려동물의류제조자, 의류유통업자

사업 분석

① 사업 환경

반려동물에 대한 인식변화로 반려동물 관련 산업(의류/주 · 간식/질병관리/청소 등)도 동반 상승하고 있고, 반려동물을 위해 월 평균 15~20만 원을 지출하고 있으며, 사료에서 용품으로 구매상품 분야가 확대되고 있다.

② 경쟁자 분석

반려동물 의류시장 확대에 따라 중국 등에서 제작한 저가상품의 판매가 증가하고 있는 반면, 브랜드 인지도가 높은 상품이 없는 상황이다.

③ 소비자 분석

반려동물을 가족의 일원으로 생각하여 반려동물 의류구입비 지출에 관대하고, 고가(高價) 명품의류 구매가 증가하고 있다.

④ 성장가능성 분석

1인 가구와 핵가족이 증가함에 따라, 한국농촌경제연구원은 국내 반려동물 시장규모가 2017년 2조 3,322억 원에서 2027년 6조 55억 원까지 확대될 것으로 예상하였다.

⑤ 위험(Risk) 분석

반려동물 의류 제조회사가 다수 존재하고, 중국 등에서 생산한 저가제품의 유입이 증가하고 있으며, 명품의류 회사의 시장점유율이 증가할 것으로 예상된다.

⑥ 수익성 분석

고품질 브랜드로 인지도를 높이면 저가상품 대비 5~10배 이상 가격으로 판매할 수 있다.

사업기회

① 반려동물 의류 대부분이 중국 등에서 대량생산되어 판매되고 있다.
② 대량생산 의류 품질이 높지 않고 디자인과 브랜드 등의 차별화가 진행되지 않았다.
③ 반려동물별 체형을 고려한 맞춤형 의류제조업체가 없어서 경쟁력이 높다.
④ 소비자 인지도가 높은 브랜드 상품이 없다.

사업전략

① 브랜드를 구축하고 기업이미지를 스토리텔링 한다.
② 명품브랜드를 지향하고 1차 목표고객을 고소득 소비자로 설정한다.
③ 디자인별 제작수량을 한정하고 가격을 차등 적용하여 희소성을 높인다.
④ 해외시장 진출 후 국내시장에 진입하여 브랜드를 차별화한다.
⑤ 홈페이지를 구축하여 회원가입을 유도하고 가입회원에게 혜택을 부여한다.
⑥ 의류에서 액세서리와 놀이용품 등으로 동일 브랜드 상품 종류를 확대한다.

경영전략

① 소득수준에 따라 목표고객을 세분화하고 차별화된 가격과 서비스를 제공한다.

② 홈페이지 연회비 납부회원에게 회원번호를 부여하고 계절별 의류를 정기 배송한다.

③ 명품브랜드 A/S방식을 차용하여 수선 및 개량서비스를 5년간 무상으로 실시한다.

④ 국내/외 반려동물 관련 행사에 참가하여 브랜드 이미지를 높인다.

⑤ 해외쇼핑몰(site)에 선 입점하여 브랜드가 해외에서 국내로 역유입되도록 마케팅한다.

⑥ 저명인사에게 상품을 무상 제공하여 브랜드 인지도를 높인다.

⑦ 고소득 소비자 정보를 보유한 결혼정보업체와 협업하여 수익을 배분한다.

⑧ 강남지역에 대표매장을 개설하고 브랜드와 의류를 홍보한다.

★Tip 가격저항선을 극복할 수 있는 프리미엄 브랜드 이미지 구축이 중요하다.

사업화 진행순서

시장조사단계

- 시장규모/경쟁업체 현황
- 소비자 수요/트렌드 분석
- 동호회/모임 운영상황
- 경쟁제품 장/단점 분석

⇨

계획/준비단계

- 사업계획서 수립/작성
- 수익/비용 타당성 분석
- 제작공장 위탁생산 계약
- 목표고객 선정/자료수집

⇨

실행단계

- 홈페이지 구축/회원모집
- 대표매장 개설/홍보
- 차별화 전략방안 강구
- 브랜드/로고 구축

⇨

판매/영업단계

- 온라인 SNS/모임 홍보
- 국내/외 관련행사 참가
- 저명인사 모델 섭외
- 관련분야 물품 확대

수제 케이크 전문점

- ▶ 업태: 숙박 및 음식점업
- ▶ 업종: 제과점업
- ▶ 형태: 점포운영방식
- ▶ 자금규모: 1억 원 이상
- ▶ 주요 경쟁자: 제과점, 커피전문점

사업 분석

① 사업 환경

국내 베이커리시장은 매년 5% 이상 꾸준한 성장세를 기록 중이고, 2016년 기준 약 1조 4천억 원 시장에서 15,000여 개 제과점이 영업 중이다. 또한 파리바게뜨와 뚜레쥬르 등의 프랜차이즈 제과점이 약 5,300여 개로 전체 매출의 대부분을 차지하고 있다.

② 경쟁자 분석

기업 프랜차이즈 인스토어매장은 매년 20% 이상의 고성장을 기록 중이며, 군산 '이성당' 팥빵, 대전 '성심당' 고로케, 서울 '나폴레옹제과점' 마카롱 등과 같이 소비자 인지도가 높은 제과점들이 성업 중이다.

③ 소비자 분석

소비자 기호가 고급화/다양화됨에 따라 개인매장 상품에 대한 선호도가 증가하고 있고, 자신의 기호와 입맛을 중시하는 소비자가 증가하고 있다.

④ 성장가능성 분석

케이크가 커피전문점의 부가메뉴로 고착화 되었고, 대동소이한 맛과 모양 때문에 특색 있는 케이크를 찾는 소비자가 증가하고 있다.

⑤ 위험(Risk) 분석

판매상품이 케이크 단일품목에 한정되어 경쟁자 대비 명확한 차별화가 선행되지 않으면 소비자로부터 외면당할 수 있다.

⑥ 수익성 분석

케이크전문점으로 인식되고 차별화된 상품가치를 갖추면 일반매장 대비 20% 이상 가격으로 판매가능하다.

사업기회

① 케이크전문점이 소수에 불과하여 경쟁력이 높다.
- 고로케, 팥빵, 마카롱 등 단일품목으로 유명해진 제과점이 영업 중이다.

② 소비자는 특색 있고 차별화된 수제 케이크를 더 선호한다.

사업전략

① 재료와 맛을 차별화하여 소비자 스스로 부가가치를 부여하는 Only-One 케이크를 만든다.
(예 - 소비자 얼굴이미지 케이크, 반려동물용 케이크, 쌍둥이 케이크, 회춘 케이크 등)

② 소비자는 희소성 있는 수제품을 선호하고 높은 가격을 지불한다.

③ 독특한 재료를 첨가하고 모양과 크기를 차별화하여 소비자의 관심을 유도한다.

④ 케이크와 조합 가능한 2종류 이내의 음료를 판매한다.

⑤ 소비자 맞춤형 주문/제조방식을 적용하여 변별력을 높인다.

경영전략

① 케이크 전문점으로 포지셔닝(Positioning)하고 케이크 종류를 다양화한다.

② Take-Out 매장으로 운영하여 임대료 등의 비용을 줄인다.

③ 시식 테이블을 배치하여 소비자가 시식할 수 있도록 한다.

④ 엔틱(antique)분위기 인테리어와 복장으로 전문성과 역사성(歷史性)을 강조한다.

★**Tip** 건강지향 케이크, 독특한 재료 사용, 차별화된 제조방식 등의 판매소구점으로 소비자가 경쟁자와 다르게 인식하도록 해야 한다.

사업화 진행순서

시장조사단계

- 경쟁자/시장규모 분석
- 소비자 수요/트렌드 분석
- 경쟁제품 장/단점 분석
- 매장개설지역 소비분석

⇨

계획/준비단계

- 사업계획서 수립/작성
- 수익/비용 타당성 분석
- 매장 개설후보지 탐색
- 1차/2차 목표고객 선정

⇨

실행단계

- 홈페이지 구축/회원모집
- 매장개설/이벤트/홍보
- 차별화 전략방안 강구
- 브랜드/로고 구축

⇨

판매/영업단계

- 온라인 SNS/모임 홍보
- 개점 홍보행사 진행
- 맛 체험고객 모집/홍보
- 사회공익활동 참여/홍보

도시형 콘도

- ▶ 업태: 숙박 및 음식점업
- ▶ 업종: 기타 일반 및 생활숙박시설 운영업
- ▶ 형태: 점포운영방식
- ▶ 자금규모: 1억 원 이상
- ▶ 주요 경쟁자: 모텔/여관, 호텔, 게스트하우스

사업 분석

① 사업 환경

대다수 콘도와 리조트가 도시 외곽에 위치하고, 한국에서 공유 숙박사업은 활성화되지 않고 있다. 이에 따라 출장/시험/여행 등의 목적으로 도시를 방문하는 사람들 대다수가 호텔/모텔/친척집 등에서 숙박하는 불편함을 감수하고 있다.

② 경쟁자 분석

호텔은 다양한 부대시설과 쾌적한 숙박환경을 제공하지만 요금이 비싸고, 모텔과 여관 등은 가격이 저렴하지만 다양한 목적의 투숙객으로 인해서 사생활을 온전하게 보호받지 못한다.

③ 소비자 분석

다양한 부대시설을 구비한 호텔을 선호하지만 경제적 부담감을 느끼고, 모텔과 여관 등은 유흥문화와 연계된 부정적 이미지 때문에 이용하기 불편해한다.

④ 성장가능성 분석

도심 내 비즈니스호텔 등의 신규 건립이 증가하고 있지만 모든 수요를 충족할 수 없고, 도시여행자 수는 지속적으로 증가추세이며, 사생활이 보호되는 합리적 요금대의 도시형 콘도는 증가할 것이다.

⑤ 위험(Risk) 분석

사업초기에 콘도용 숙박시설 건축에 많은 시간과 자본이 투자되고, 소비자에게 기존 숙박시설의 대안모델로 인식되기까지 수익 확보에 어려움이 예상된다.

⑥ 수익성 분석

소비자에게 도시형 콘도가 긍정적인 이미지로 각인될 경우, 동급의 경쟁 숙박시설 대비 10% 이상 높은 가격으로 판매가능하다.

사업기회

① 숙식이 가능한 도시형 콘도 방식으로 운영하는 기존 사업자가 소수이다.

② 시험, 출장, 여행, 장기간병 등의 이유로 도시를 방문하는 수요는 항시 존재한다.

③ 초기 투자금액을 최소화하는 방법으로 신규건축이 아닌 기존 시설의 임대로도 운영이 가능하다.

④ 이용자의 다양성 때문에 비수기가 없어서 연중 꾸준한 수익창출이 가능하다.

사업전략

① 기존 숙박업체 운영방식과 월세방식을 혼용하여 운영한다.

② 콘도형으로 리모델링해서 숙식을 함께 제공한다.

③ 홈페이지를 구축해서 내부구조와 시설집기 등의 정보를 제공하고 이용예약의 편의성을 높인다.

④ 일반 가정집 분위기를 연출하고 생활가전을 구비하여 기존 숙박업체의 단점을 극복한다.

경영전략

① 소형평형 아파트 또는 다세대주택 등을 전세로 임차하여 운영한다.

② 집기비품은 장기 리스(lease)하여 투자비용 부담을 분산한다.

③ 고시원, 오피스텔, 게스트하우스 사업자와 협업하여 동업한다.

★Tip 사업 초기부터 소비자가 안심하고 사용할 수 있도록 브랜드 신뢰도 제고에 집중해야 한다.

사업화 진행순서

시장조사단계		계획/준비단계		실행단계
• 경쟁자/시장규모 분석 – 호텔/모텔/고시원 등 – 소비자 인식/숙박유형 등 • 소비수요/대상자 분석	⇨	• 사업계획서 수립/작성 • 수익/비용 타당성 분석 • 숙박업체 리스트 작성 • 숙박업체 협업계약 체결	⇨	• 홈페이지 구축/회원모집 • 브랜드/로고 구축 • 임대주택/아파트 계약 • 대학 등 수요처와 협업

	판매/영업단계
⇨	• 온라인 SNS/모임 홍보 • 지방도시 등 영업확장 • 숙식 협업업체 확대 – 게스트하우스 등

세상의 초콜릿

- 업태: 숙박 및 음식점업
- 업종: 제과점업
- 형태: 점포운영방식
- 자금규모: 8천만 원 이상
- 주요 경쟁자: 베이커리매장, 편의점

사업 분석

① 사업 환경

초콜릿은 남녀노소 누구나 좋아하는 식품으로 거부감이 없으며, 백화점 등의 유통매장과 제과점 등에서 판매되고 있다.

② 경쟁자 분석

일반적으로 유통매장에서 공장생산 초콜릿 완제품을 판매하고, 제과점에서 매장생산 완제품을 판매하고 있다.

③ 소비자 분석

대다수 소비자가 선호하지만 건강을 염려하는 소비자는 기피하는 경향이 강하다.

④ 성장가능성 분석

비교적 호불호가 적고 다양한 기념일에 선물용으로 활용되고 있으며, 견과류 등이 포함된 고급제품이 시장규모를 확대하고 있다.

⑤ 위험(Risk) 분석

소비자가 공장생산 초콜릿에 익숙하고, 선두주자의 고품질 상품이 시장을 점유하고 있어서, 맛/성분/부속재료 등에서 명확하게 차별화하지 않으면 소비자가 외면할 수 있다.

⑥ 수익성 분석

소비자에게 고급재료를 사용한 수제품으로 인식되면 기존제품 대비 20%~30% 높은 가격으로 판매가능하다.

사업기회

① 초콜릿만 전문으로 판매하는 전문점은 없다.
② 다양한 재료와의 조합이 가능하여 초콜릿 단일품목으로도 다양한 메뉴구성이 가능하다.
③ 세계 각국의 초콜릿제품을 모방할 수 있어서 메뉴개발이 용이하다.

사업전략

① 소비자가 경험하기 어려운 각국의 독특한 초콜릿제품을 판매하여 차별화한다.
② 초콜릿테마 인테리어로 소비자에게 초콜릿전문매장 이미지를 각인한다.
③ 핵심 목표고객인 어린이와 20대 여성을 대상으로 다양한 이벤트를 진행하여 유인한다.
(예 - 국가별 할인행사, 다이어트 free day 할인행사 등)
④ 회원가입을 유도하고 가입회원에게 할인혜택을 부여한다.
⑤ 초콜릿과 어울리는 음료를 부가 판매하여 품목을 다변화한다.

경영전략

① '캐릭터'와 '브랜드'를 개발하여 초콜릿전문점 이미지를 각인한다.
② 테이크아웃(Take Out) 메뉴를 만들어서 생일과 기념일 등에 선물용으로 활용할 수 있도록 한다.

③ 캐릭터 복장을 착용하여 초콜릿 캐릭터와 브랜드와의 일관성을 유지한다.

④ 저가로 구매 가능한 상품은 최저수익으로 판매하여 고객 만족감을 높인다.

★**Tip** 독특한 캐릭터 개발과 다양한 재료로 단일품목의 식상함을 해소해야 한다.

사업화 진행순서

시장조사단계

- 경쟁자/시장규모 분석
  - 개인/기업 제빵/제과점
- 상품 장/단점 파악
- 소비수요/트렌드 확인

⇨

계획/준비단계

- 사업계획서 수립/작성
- 수익/비용 타당성 분석
- 차별화 전략 수립/작성
- 각국 초콜릿 상품 분석

⇨

실행단계

- 홈페이지 구축/회원모집
- 브랜드/로고 구축
- 점포계약/운영준비
- 대표메뉴 선정/개발

⇨

판매/영업단계

- 온라인 홍보/광고
- 맛 체험단 모집/홍보
- 회원 정기모임 개최
- 취약계층 지원/홍보

튀김전문 실내포차

- ▶ 업태: 숙박 및 음식점업
- ▶ 업종: 기타 간이음식점업
- ▶ 형태: 이동매장운영방식
- ▶ 자금규모: 3천만 원 이내
- ▶ 주요 경쟁자: 분식점, 포장마차

사업 분석

① 사업 환경

튀김은 학생층이 선호하는 메뉴로 떡볶이 등과 함께 분식점에서 주로 판매되고, 메뉴종류는 4~5종류 이내로 한정되어 있다.

② 경쟁자 분석

자본력이 부족한 자영업자가 포장마차 등에서 다른 메뉴와 같이 판매하는 경우가 많고, 떡볶이 프랜차이즈업체 구성메뉴 중 하나로 판매되고 있다.

③ 소비자 분석

떡볶이와 함께 10~20대 소비자가 선호하고 건강을 염려하여 기피하는 소비자도 존재한다.

④ 성장가능성 분석

소비자가 이미 간식메뉴로 인식하여 거부감이 적고, 새로운 재료와 조리방법을 적용하면 시장 확대가 용이하다.

⑤ 위험(Risk) 분석

조리방법과 재료가 대동소이하여 변별력이 없고 비만을 염려하는 소비자가 증가하고 있어서, 차별화된 조리법과 재료를 적용하지 않으면 실패가능성이 높다.

⑥ 수익성 분석

튀김전문 포장마차의 전문성을 강조하고 재료를 다양화하면 기존 상품 대비 높은 가격으로 판매가능하다.

사업기회

① 튀김전문 실내포장마차가 없다.
② 판매 중인 튀김메뉴가 채소, 오징어, 당면 등으로 한정되고 크기와 모양이 대동소이하여 차별화가 쉽다.
③ 세계 각국의 다양한 튀김재료와 메뉴를 차용하기 쉽다.

사업전략

① 가격대별로 재료의 양을 달리하여 변별력을 높인다.
② 재료 본연의 크기를 그대로 사용하거나 독특한 모양으로 만들어 소비자를 유인한다.
(예 - 오징어 통째로 튀김, 별모양 튀김 등)
③ 튀김 특유의 느끼함을 해소할 수 있는 음료와 주류를 같이 판매한다.
④ 튀김기름의 정기적 교환과 자체 위생 점검 등을 이벤트화하여 소비자의 심리적 불안감을 해소한다.

경영전략

① 구매가격이 낮은 재료의 메뉴는 물량으로 소비자를 감동시킨다.

(예 - 3인분 같은 1인분 당면튀김 등)

② 가격대별 메뉴를 차별화한다.

③ 세트메뉴를 구성하여 테이크아웃(Take Out)을 유도한다.

④ 타임아웃(Time Out)제를 적용하여 당일 생산메뉴는 당일 판매하고, 재고는 소외계층 등에게 무상 제공한다.

★**Tip** 소비자가 특색 있는 튀김 전문점으로 인식할 수 있도록 메뉴와 재료 등이 차별화되어야 한다.

사업화 진행순서

시장조사단계		계획/준비단계		실행단계
• 경쟁자/시장규모 분석 – 분식점, 이종/동종 노점 • 상품/서비스 장/단점 • 소비수요/목표고객 확인	⇨	• 사업계획서 수립/작성 • 수익/비용 타당성 분석 • 차별화 전략방안 수립 • 고객세분화/목표고객 선정	⇨	• 브랜드 구축 • 홈페이지 구축 • 매장계약, 인/아웃테리어 • 주력 메뉴 선정/개발

	판매/영업단계		확장단계
⇨	• 온라인 홍보/쿠폰 지급 • 방문고객 경품 지급 – 분기별 경품추점/홍보 • 월별 이벤트day 실시	⇨	• 프랜차이즈 전개 • 시스템 매뉴얼화 • 물류/지원체계 구축 • 메뉴/서비스 확장

일식우동 뷔페

- 업태: 숙박 및 음식점업
- 업종: 일식 음식점업
- 형태: 점포운영방식
- 자금규모: 1억 원 이상
- 주요 경쟁자: 분식점, 일식음식점, 국수전문점

사업 분석

① 사업 환경

일본우동을 좋아하는 소비자가 많지만, 일식우동만을 판매하는 전문점은 소수에 불과하다.

② 경쟁자 분석

일본음식점과 국수전문 음식점 등에서 메뉴 중 하나로 판매하고 있지만 정통 일식우동만을 판매하는 전문점은 소수이다.

③ 소비자 분석

일본여행 경험자를 중심으로 정통 일식우동에 우호적인 소비자가 많고 수요가 증가하고 있다.

④ 성장가능성 분석

일식우동으로 메뉴를 한정하고 우동 종류를 다양화하여 20~30대 소비자를 대상으로 판매하면 프랜차이즈화도 가능하다.

⑤ 위험(Risk) 분석

일식우동으로 메뉴를 한정하여 기호가 다른 소비자를 만족시킬 수 없고, 맛과 기호 변화에 따라 관심도가 낮아질 수 있다.

⑥ 수익성 분석

일식우동만의 독특한 맛과 우동전문점으로서의 이미지를 활용하면 경쟁자 대비 20%~30% 높은 가격으로 판매할 수 있다.

사업기회

① 일본 우동만 판매하는 전문점이 소수이다.
② 일본 지역마다 다양한 조리법이 존재하여 메뉴확장이 용이하다.
③ 일본 우동에 대한 소비자의 관심과 선호도가 높다.

사업전략

① 일본의 지역별 대표 우동으로 메뉴를 다양화한다.
 - 가가와 사누키우동, 아키타 이나니와우동, 군마 미즈사와우동, 나가사키 고토우동, 아이치 키시멘고 등
② 일본 고유의 우동과 동일하거나 유사한 맛을 구현한다.
③ 일본우동 전문점 이미지를 인식시킬 수 있는 인테리어와 복장을 갖춘다.
④ 홈페이지를 구축하여 홍보하고 정기회원을 모집한다.
⑤ 우동 이외의 추가메뉴를 1종류 이내로 제한한다.

경영전략

① 목표고객을 고졸 학력 이상의 20대 중반~30대 중반 직장여성으로 설정한다.
② 전문점으로서의 부가가치를 부여하여 경쟁점포 대비 10% 높은 가격으로 판매한다.
③ 메뉴별 판매수량을 한정하여 상품가치를 높인다.

④ 회원에게 정기적인 할인/무료 쿠폰 등의 혜택을 제공하여 방문 빈도를 높인다.

⑤ 분기별로 방문자를 대상으로 추첨하고 경품을 지급하여 충성도를 높인다.

⑥ 일본인 조리사 채용 또는 현지 업체 제휴를 통해서 품질을 높인다.

★Tip 다양한 일본 특유의 우동 맛이 구현되어 단일품목의 한계를 탈피해야 한다.

사업화 진행순서

시장조사단계
- 시장규모/경쟁자 분석
- 소비트렌드 분석
- 제품(우동)선호도 조사
- 가격, 성장가능성 조사

⇨

계획/준비단계
- 사업계획서 수립/작성
- 수입/지출/손익 분석
- 조리인력/업체 탐색
- 개설지역/점포위치 조사

⇨

실행단계
- 홈페이지 구축/회원모집
- 브랜드/로고 구축
- 점포계약/운영준비
- 대표메뉴 선정/개발

⇨

판매/영업단계
- 홈페이지 홍보/광고
- 회원모집/개점 이벤트
- 인터넷 SNS/블로그 홍보
- 사회공헌활동/홍보

⇨

확장단계
- 프랜차이즈 전개
- 시스템 매뉴얼화
- 부가메뉴/서비스 확장
- 물류/지원체계 구축

케이크 뷔페

- ▶ 업태: 숙박 및 음식점업
- ▶ 업종: 제과점업
- ▶ 형태: 점포운영방식
- ▶ 자금규모: 1억 원 이상
- ▶ 주요 경쟁자: 제과점, 디저트카페, 커피전문점

사업 분석

① 사업 환경

제과점 또는 커피전문점에서 판매상품 중 하나로 케이크를 판매하고 있지만, 케이크만으로 메뉴를 구성하는 케이크 뷔페는 소수이다.

② 경쟁자 분석

제과점과 디저트카페, 커피전문점 등에서 부가메뉴로 판매하고 있고, 국내에서 케이크를 대표하는 브랜드는 없으며 전문점도 거의 없다.

③ 소비자 분석

케이크를 이벤트 상품에서 상시구매 상품으로 재인식하기 시작했고, 커피전문점 등에서 커피와 같이 구매하는 경우가 많다.

④ 성장가능성 분석

전문점 이미지를 홍보할 수 있는 브랜드를 구축하고 케이크 전문 뷔페로 특화하여, 20~30대 직장여성의 관심을 유도하면 디저트 시장의 틈새를 공략할 수 있다.

⑤ 위험(Risk) 분석

케이크 단일품목으로 한정되어서 케이크 종류와 맛을 차별화하지 않으면 실패가능성이 높다.

⑥ 수익성 분석

케이크 전문 음식점으로 인식되면 경쟁자 대비 10%~20% 높은 가격으로 판매가능하다.

사업기회

① 케이크를 전문으로 판매하는 전문매장이 소수이고 케이크를 대표하는 브랜드가 없다.
② 케이크 종류와 모양 및 가격 등이 대동소이하여 차별화하기 용이하다.
③ 다른 나라 케이크에 대한 정보수집이 용이하여 모방 및 복제품 출시가 가능하다.
④ 케이크 판매마진율이 높다.

사업전략

① 케이크 전문점으로 브랜드와 점포 이미지를 구축한다.
② 다양한 재료의 케이크로 메뉴를 다양화 한다.
③ 케이크 디저트 뷔페를 표방한다.

경영전략

① 기존 뷔페매장 운영방식으로 운영한다.
② 메뉴별 상품설명서를 비치하여 소비자의 관심과 이해도를 높인다.
③ 연예인, 보육시설, 사회봉사활동 등에 협찬하여 브랜드 인지도를 높인다.
④ 케이크 특유의 느끼함을 해소할 수 있는 커피를 무료 제공하고 기타 음료는 유료 제공한다.

⑤ Take-Out용 세트메뉴를 구성하여 추가매출을 기대한다.

⑥ 분기별로 구매영수증을 추첨하여 경품제공 행사를 진행하고 당첨자명단을 매장 내 게시한다.

⑦ 매장을 대표하는 케이크를 개발하고 브랜드를 홍보한다.

★Tip 소비자가 경험하지 못한 다양한 메뉴 개발이 필요하고, 세계 각국의 케이크를 소개해서 전문점으로 인식되도록 해야 한다.

사업화 진행순서

시장조사단계

- 시장규모/경쟁자 분석
- 소비트렌드/수요예측
- 제품(케이크)선호도 조사
- 전문점 인식도 조사

⇨

계획/준비단계

- 사업계획서 수립/작성
- 수입/지출/손익 분석
- 각국 케이크 정보 취합
- 주력메뉴/콘셉트 결정

⇨

실행단계

- 제빵사 채용/점포임차
- 홈페이지/브랜드 구축
- 인/아웃테리어공사
- 사회공헌활동/홍보

⇨

판매/영업단계

- 홈페이지 홍보/광고
- 회원모집/개점 이벤트
- 인터넷 SNS/블로그 홍보
- 국가별 테마행사 실시

⇨

확장단계

- 프랜차이즈 전개
- 시스템 매뉴얼화
- 부가메뉴/서비스 확장
- 물류/지원체계 구축

Take-Out 한방차(韓方茶) 전문점

- ▶ 업태: 숙박 및 음식점업
- ▶ 업종: 비알코올 음료점업
- ▶ 형태: 점포운영방식
- ▶ 자금규모: 5천만 원 이하
- ▶ 주요 경쟁자: 한방차 프랜차이즈 점포

사업 분석

① 사업 환경

커피전문점이 음료매장의 대다수를 점유하고 있으며, 한방차 전문점 브랜드 인지도와 시장점유율이 낮고, 대형할인마트 등에서 티백/분말 형태의 한방차를 판매하고 있다.

② 경쟁자 분석

프랜차이즈 형태의 한방차 전문점 브랜드는 2~3개에 불과하고, 개인 커피숍 등에서 구색 갖추기 상품으로 한방차를 판매하고 있다.

③ 소비자 분석

체질/기호에 따라 한방차를 선호하는 소비자가 존재하지만, 제품이 갖는 고루한 이미지와 한방차 특유의 향과 맛에 기인하여 시장이 확대되지 못하고 있으며, 50대 이상 연령대 남성이 주요 고객이다.

④ 성장가능성 분석

브랜드 인지도가 높은 선두주자가 없고, 커피를 마시지 않는 소비자를 대상으로 하는 틈새시장이 존재하며, 건강 중시 흐름에 부합하는 대체제품으로서 성장가능성이 매우 높다.

⑤ 위험(Risk) 분석

한방차를 현대적으로 개선한 퓨전 음료를 커피전문점 등에서 판매하고 있고, 한방차의 오래된 이미지와 고유한 맛과 향을 개선하기 어려우며, 커피를 즐기는 20~30대 고객으로의 확장성이 낮다.

⑥ 수익성 분석

커피를 싫어하는 소비자를 대상으로 하는 틈새시장이 존재하고, 건강 중시 트렌드에 따라 건강음료로서 새롭게 부각되고 있다.

사업기회

① 테이크아웃(Take-Out)형 한방차 전문점은 소수이다.

② 전통차 제조방법이 공개되어 제조와 개발이 용이하고, 한방차의 효능에 대한 소비자 인식도가 높다.

③ 대표브랜드가 없어서 잠재고객에게 브랜드 각인 시 시장점유율을 높이기 용이하다.

④ 지역별 사용재료가 다양하여 메뉴 구성이 용이하다.

⑤ 건강을 중시하는 가치관 변화에 따라 건강음료에 대한 소비자의 관심과 이해도가 높다.

⑥ 동양문화와 식/음료에 대한 외국인들의 관심이 높아서 해외진출하기 용이하다.

사업전략

① 한의학 전문가와 협업하여 메뉴를 개발하고 다양화한다.

② 커피전문점 프랜차이즈 운영방식을 차용(借用)하여 운영한다.

③ 건강/미용 음료 이미지를 구축하고 목표고객을 20~30대 여성고객으로 설정한다.

④ 목표 고객의 관심사(건강, 다이어트, 미용)에 부합하는 메뉴를 개발한다.

⑤ 브랜드와 로고를 구축하여 홍보한다.

경영전략

① 유니폼, 서비스, 인테리어 등을 시장 선두주자 커피전문점 콘셉트와 동일하게 구성한다.

② 메뉴별 성분과 약리작용 설명서를 메뉴판에 기재하여 건강음료 이미지를 강화한다.

④ 회원카드/쿠폰발행 등으로 우대고객을 모집하여 일반고객과 차별화한다.

⑤ 테이크아웃(Take-Out) 서비스를 제공한다.

⑥ 건강을 염려하는 50대 이상 여성고객을 2차 목표고객으로 선정한다.

⑦ 홈페이지를 구축하여 회사와 제품을 소개하고 가맹사업자를 모집한다.

★**Tip** 한방 찻집 특유의 고루함을 해소할 수 있는 콘셉트와 인/아웃테리어가 필요하다.

사업화 진행순서

시장조사단계
① 시장규모/경쟁자 확인
② 구매수요/기호 확인
③ 소비행태/방식 확인
④ 제조자/제조품목 확인

⇨

계획/준비단계
① 사업자 등록
② 사업계획서 작성
③ 사업방향 설정/브랜드 구축
④ 협업점포 탐색/계약

⇨

실행단계
① 인테리어 콘셉트 결정
② 집기비품 제작/구비
③ 운영계획안 작성
④ 인력채용 및 교육

⇨

판매/영업단계
① 브랜드/스토리 홍보
② 홈페이지 구축/회원모집
③ 이벤트/체험단 진행
④ SNS/동호회 대상 홍보

⇨

확장단계
① 프랜차이즈 전개
② 해외진출 모색
③ 시장 확대(가족고객)
④ 연관분야(한식) 협업

특정메뉴 전문 중국음식점

- 업태: 숙박 및 음식점업
- 업종: 중식 음식점업
- 형태: 점포운영방식
- 자금규모: 5천만 원 이하
- 주요 경쟁자: 프랜차이즈 중국음식점, 분식점, 한식점

사업 분석

① 사업 환경

중국 음식은 대다수 소비자가 좋아하고, 맛집으로 소문난 개인사업자와 프랜차이즈 업체가 경쟁하는 상황이다. 또한 요리 메뉴와 일반 메뉴로 구분할 수 있고, 요리 메뉴보다 일반 메뉴가 더 많이 판매된다.

② 경쟁자 분석

맛집으로 소문난 일부 매장을 제외하면 메뉴와 맛이 대동소이하여 변별력이 낮다.

③ 소비자 분석

중식은 한식을 대체하는 주식메뉴로서의 인지도가 높고, 맛과 메뉴에 대한 소비자 이해도가 높은 편이다.

④ 성장가능성 분석

소비자의 관심을 유인할 수 있는 독특한 메뉴와 맛으로 차별화하면, 폭넓은 소비자 인지도를 바탕으로 지속적인 성장이 가능하다.

⑤ 위험(Risk) 분석

메뉴와 조리방법이 대동소이하여 변별력이 낮고, 중식 메뉴에 대한 소비자 인지도가 높아서 다른 사업자와의 차별화가 쉽지 않다.

⑥ 수익성 분석

소비자가 평소 쉽게 구매하지 못하는 요리 메뉴를 양과 가격으로 조정하여 주력 상품화하면 매출을 높일 수 있다.

사업기회

① 특정요리 메뉴를 전문으로 판매하는 중국음식점은 소수이다.
② 가격부담 때문에 쉽게 구매하지 못하는 요리 메뉴에 대한 소비자들의 구매 욕구가 높다.
③ 일부 맛집을 제외하고 요리 메뉴만으로 시장을 장악한 선두주자가 없다.
④ 메뉴를 특정하여 프랜차이즈사업으로 확대한 사업자 사례가 있다.

사업전략

① 음식의 양을 조절하여 가격을 책정하고 가성비를 높인다.
② 주력메뉴를 3종류 이내로 제한하여 전문화한다.
③ 주력메뉴 이외의 일반 메뉴를 1종류 추가한다.

경영전략

① 3종류의 주력메뉴는 고기/해물/채소 등 개별재료를 대표하는 메뉴로 구성한다.
② 메뉴판에 음식 재료의 효능과 음식 스토리를 기재한다.
③ 요일, 연령, 동반 인원 등에 따른 이벤트를 실시하여 소비자의 재방문을 유도한다.
④ 브랜드를 구축해서 전문점으로 홍보한다.

★Tip 소비자가 특정메뉴 때문에 방문할 수 있도록 차별화된 Only-One 메뉴를 만들어야 한다.

사업화 진행순서

시장조사단계

① 시장규모 파악
② 주력 경쟁자 분석
③ 소비행태/방식 확인
④ 사업성/성장성 분석

⇨

계획/준비단계

① 사업자 등록
② 사업계획서 작성
③ 사업방향 설정/브랜드 구축
④ 목표고객 선정

⇨

실행단계

① 인테리어 콘셉트 결정
② 집기비품 제작/구비
③ 운영계획안 작성
④ 인력채용 및 교육

⇨

판매/영업단계

① 이벤트/인터넷홍보 진행
② 홈페이지 구축/회원모집
③ 체험/홍보단 운영
④ SNS/모임 대상 홍보

⇨

확장단계

① 프랜차이즈 전개
② 조리법 매뉴얼화
③ 확장메뉴 개발/사업화
④ 물류시스템 구축

자연인처럼

- 업태: 숙박 및 음식점업
- 업종: 기타 숙박업
- 형태: 사무실운영방식
- 자금규모: 1억 원 이상
- 주요 경쟁자: 펜션/민박/휴양시설, 체험농장, 템플스테이

사업 분석

① 사업 환경

현대인들은 과중한 업무와 경쟁 등으로 인해 심각한 스트레스 등의 정신질환을 겪고 있다. 이에 따라 캠핑족이 증가하고 도시를 벗어나서 휴식하려는 사람들이 늘어나고 있다.

② 경쟁자 분석

펜션과 민박집 등이 휴가철에 성업 중이고, 가족 중심의 휴가 문화가 확대되고 있다.

③ 소비자 분석

중/장년층 소비자를 중심으로 외부세계와 단절된 장소에서 자신만의 시간을 즐기려는 수요가 증가하고 있다.

④ 성장가능성 분석

도시인구 증가에 따른 경쟁강도 심화로 인해, 도시와 경쟁에서 벗어나려는 소비자가 증가하고 있지만, 온전히 자신만의 공간과 시간을 가질 수 있는 장소가 많지 않다.

⑤ 위험(Risk) 분석

외부와 완벽하게 단절된 공간(주거시설)을 확보하기 어렵고, 주거시설 확보에 필요한 초기투자비용 부담이 높다.

⑥ 수익성 분석

숙식에 필요한 집기시설의 재활용이 가능하고, 주거시설 확보를 위한 투자비용을 제외하면 추가비용 부담이 낮다.

사업기회

① 도시인구 증가와 비례하여 귀농/귀촌 인구도 증가하고 있다.
② 업무와 경쟁에서 탈피해서 단기간 휴식하려는 사람들이 증가하고 있다.
③ 펜션과 민박 등 기존 휴식공간과 휴식방식이 대동소이하여 변별력이 낮다.
④ 자연환경 속에서 휴식/휴양하려는 수요가 증가하고 있다.
⑤ 농촌과 어촌 및 산촌에 미활용 빈집이 많다.

사업전략

① 문명시설과 기기를 원천 배제한 주거 마을 또는 단독주거지를 조성한다.
② 의식주에 필요한 최소한의 생필품만 제공한다.
③ 입주 시 관리규칙으로 문명기기를 제한한다.
④ 주거지 주변 환경과 주택의 구조변경을 최소화하여 자연 친화적 환경을 유지한다.
⑤ 지역별 지방자치단체와 협업하여 빈집활용사업을 공동 진행한다.

경영전략

① 지방자치단체와 협업하여 농/어촌 빈집을 장기 임차한다.
② 역발상으로 생활의 불편함을 장점으로 강조한다.

③ 생활에 필요한 물품을 공급하여 임대료 이외의 부가수익을 창출한다.

④ 주거지 인근 농/어촌 가구의 농수산물을 구매하여 지역민의 반발을 최소화한다.

⑤ 임대수익은 지방자치단체 또는 빈집소유자와 배분한다.

⑥ 브랜드를 구축해서 시장을 선점한다.

★**Tip** 사업초기 지방자치단체와의 협업을 통해 브랜드 인지도를 높여야 한다.

사업화 진행순서

시장조사단계		계획/준비단계		실행단계
① 시장규모/수요 확인 ② 경쟁자 분석 ③ 빈집정보 수집 ④ 활용가능성 확인	⇨	① 사업자 등록 ② 사업계획서 작성 ③ 브랜드 구축 ④ 지방자치단체 협업계약	⇨	① 홈페이지 구축 ② 빈집 임차계약 ③ 운영시스템 구축 ④ 집기비품/반입물품 구입

	판매/영업단계		확장단계
⇨	① 온라인 광고/홍보활동 ② 홈페이지 개설/회원모집 ③ 이벤트/체험자모집 진행 ④ 식재료 공급계약 체결	⇨	① 지역별 지자체 계약확대 ② 지역별 테마단지 조성 ③ 프랜차이즈 전개 ④ 연관사업자 협업 확대

개인사업자 숙박업체 청소/방역 대행업

- ▶ 업태: 사업시설 관리, 사업지원 및 임대서비스업
- ▶ 업종: 건축물 일반청소업
- ▶ 형태: 재택근무방식
- ▶ 자금규모: 1천만 원 ~ 3천만 원
- ▶ 주요 경쟁자: 청소대행회사, 개인용역업자

사업 분석

① 사업 환경

소득수준 상승에 따른 야외활동인구 증가로 펜션 등의 숙박업체 사업자가 증가하고 있다.

② 경쟁자 분석

기업운영 숙박업체는 관리자가 많아서 비교적 잘 관리되지만, 중/소규모 개인사업자 숙박업체는 관리자가 한정되어 청소 등의 관리유지에 어려움이 많다.

③ 소비자 분석

숙박업체 선택기준이 가격에서 시설과 관리 상태로 변화하고 있다.

④ 성장가능성 분석

대다수 개인사업자 업체가 사업자 또는 관리직원이 유지관리하고, 청소/방역 등의 전문지식과 경험이 적어서 틈새시장이 존재한다.

⑤ 위험(Risk) 분석

개인사업자 또는 고용하는 직원의 관리방식과 차별화하지 않으면 소비자를 유인할 수 없다.

⑥ 수익성 분석

브랜드와 매뉴얼을 구축하여 차별화된 청소/방역 등의 전문서비

스를 제공하면 수익창출이 가능하다.

사업기회

① 개인사업자 숙박업체를 정기적으로 관리하는 전문 청소사업자가 소수이다.
② 위생적인 숙박업체를 선호하는 소비자가 증가하고 있다.
③ 자동차와 청소/방역 장비 구매만으로 사업화가 가능하여 소자본 창업이 용이하다.
④ 사업화 이후의 투자자금 부담이 낮다.

사업전략

① 중소 개인사업자 숙박업체를 대상으로 영업한다.
② 브랜드와 홈페이지를 구축하고 회원을 모집하여 정기적인 서비스를 제공한다.

경영전략

① 홈페이지에 서비스 제공방법/주기/가격 등을 공지한다.
② 지역별 관리주기를 결정하여 이동에 따른 효율성을 높인다.
③ 기간/계절별로 관리방식을 달리하여 차별화한다.
④ 2인~3인 1조로 팀을 구성하고 업무분담을 통해 효율성을 높인다.
⑤ 소형자동차를 리스(lease)하여 초기비용을 절감한다.

★**Tip** 숙박업 사업주가 불편해하고 작업하기 어려운 분야에 대한 서비스를 제공해야 한다.

사업화 진행순서

시장조사단계

① 시장규모 확인
② 경쟁자 분석
③ 여행/숙박트렌드 분석
④ 수익성/성장성 분석

⇨

계획/준비단계

① 사업계획서 작성
② 관리매뉴얼 작성
③ 브랜드/로고 구축
④ 유지/관리방법 현장체험

⇨

실행단계

① 홈페이지 구축/회원모집
② 목표고객 대상 DM발송
③ 인력채용 및 교육
④ 인터넷 홍보/광고

⇨

확장단계

① 프랜차이즈 전개
② 지역별 거점업체 선정
③ 해외진출
④ 연관사업자 협업계약

해외 특산품 직구매 대행업

- ▶ 업태: 도매 및 소매업
- ▶ 업종: 통신판매업
- ▶ 형태: 재택근무방식
- ▶ 자금규모: 2천만 원 이하
- ▶ 주요 경쟁자: 해외구매대행회사, 개인구매자

사업 분석

① 사업 환경

인터넷을 이용한 개인의 해외 직구매와 구매대행 회사가 증가하고 있고, 구매품목 대다수가 명품과 가전제품 및 생활용품에 편중되어 있다.

② 경쟁자 분석

20~30대 소비자의 해외 직구매 증가로 대행업 시장이 축소되고, 직구매 대행회사의 증가로 업체 간 변별력이 낮아지고 있다.

③ 소비자 분석

가격 격차가 큰 명품과 가전제품을 중심으로 해외 직구매하는 소비자가 증가하고 있고, 구매품목도 일반 생활용품과 유아용품 등으로 확대되고 있다.

④ 성장가능성 분석

전자제품 등을 구매대행 하는 업체가 증가하고 있지만, 각국의 특산품을 전문적으로 직구매 대행하는 업체는 소수이다.

⑤ 위험(Risk) 분석

기존의 구매대행 업체와 구분되는 해외 특산품을 구매대행 하지 않으면 전문회사로서의 경쟁력을 상실할 수 있다.

⑥ 수익성 분석

국내에 소량 유통되거나 유통되지 않는 각국의 특산품만을 전문적으로 구매대행하면, 일반제품 대비 20% 이상의 수수료를 청구할 수 있다.

사업기회

① 경제력이 낮은 국가의 수입/수출시장 마진율은 높다.
② 인터넷의 발달로 해외 출장에 투자되는 시간과 비용을 절감할 수 있다.
③ 개별 국가에서만 인지도가 높은 특산품과 브랜드 제품이 많다.

사업전략

① 중동, 중앙아시아, 남미, 아프리카 지역 국가의 바이어를 주요 거래대상자로 한다.
② 각국의 중/상위 브랜드와 현지 생산 특산품을 주력품목으로 유통한다.
③ 각 국가의 전통시장에서 유통되는 특산품을 유통한다.

경영전략

① 손익분기점에 도달할 수 있는 고정회원이 확보되기 전까지 다품목 소량구매하여 재고위험을 감소시킨다.
② 코트라(Kotra)와 국가별 주한 대사관 등을 활용하여 바이어 및 상품정보를 확보하고 신뢰성을 검증한다.
③ 국가별 한국대사관과 기업 주재기관을 활용하여 상품과 바이어 정보를 획득한다.

★**Tip** 사업화 전 단계부터 국가별 특산품 관련 바이어(buyer)망이 구축되어야 한다.

사업화 진행순서

시장조사단계

① 해외브랜드/특산품 분석
② 각국 바이어 발굴
③ 국내 거래처 확보

⇨

계획/준비단계

① 사업자 등록(무역업)
② 사업계획서 작성
③ 국내거래처 협업계약
④ 홈페이지 구축

⇨

실행단계

① 주력 유통품목 결정
② 거래제안/샘플요청
③ 바이어 신용조사
④ 국내/외 관련법규 확인

⇨

확장단계

① 구매/판매 제안
② 운송/보험계약 체결
③ 신용장 발송/수취
④ 수출/입 통관진행

추억(타임캡슐)을 보관/전달하는 회사

- ▶ 업태: 기타 개인서비스업
- ▶ 업종: 그 외 기타 개인서비스업
- ▶ 형태: 사무실운영방식
- ▶ 자금규모: 1억 원 이상
- ▶ 주요 경쟁자: 이벤트대행회사, 공연기획사

사업 분석

① 사업 환경

결혼기념 또는 졸업기념 등 특별한 추억을 온라인에 사진과 그림 등으로 보관하는 경우가 많지만, 오프라인에서 추억할 수 있는 공간은 제한적이다.

② 경쟁자 분석

오프라인에서 타임캡슐을 만들어 개인의 추억자료를 보관/관리하는 회사는 전무하다.

③ 소비자 분석

결혼기념일 등을 추억하려는 수요가 많고, 대다수가 온라인에 관련 자료를 게시하고 공유한다.

④ 성장가능성 분석

위탁자료 관리자에 대한 소비자 신뢰도를 높이면 이야기를 판매하는 사업자로서의 성공가능성이 높다.

⑤ 위험(Risk) 분석

운영 콘셉트가 명확하지 않고 관리주체가 신뢰성을 확보하지 못하면 소비자가 외면할 수 있다.

⑥ 수익성 분석

관리비와 임대료로 수익창출이 가능하고, 캡슐과 기념품 판매 및 식/음료매장 등의 부대시설 조성으로 부가수익을 창출할 수 있다.

사업기회

① 추억(타임캡슐)을 전문적으로 판매하는 회사는 전무하다.
② 개인의 추억을 보관하고 관리하려는 사람들이 많다.
③ 오프라인에서 추억을 공유하려는 사람들이 증가하고 있다.
④ 캡슐종류와 보관기간 및 배송 등에 따른 다양한 수익창출이 가능하다.

사업전략

① 동창회/학교/기업 등을 대상으로 홍보하여 단체가입을 유도한다.
② 보관시설과 보관방법을 공개하여 훼손과 분실에 대한 불안감을 해소한다.
③ 홈페이지를 구축하여 홍보하고 회원가입을 유도한다.
④ 다양한 기념일에 부합하는 타임캡슐 상품을 판매한다.

경영전략

① 투자자를 유치하여 테마파크를 조성하고 캡슐을 보관/관리한다.
② 추억공유 장소로 스토리텔링하여 부가가치를 높인다.
③ 가격대별 캡슐재질과 디자인을 달리하여 판매한다.
④ 손해보증보험에 가입하여 훼손과 분실에 따른 손해배상에 대비한다.
⑤ 브랜드와 로고를 구축하여 시장을 선점한다.

★**Tip** 테마파크 조성을 위한 접근성이 좋은 부지 확보가 우선이다.

사업화 진행순서

시장조사단계

① 시장규모 확인
② 경쟁자 분석
③ 트렌드 분석
④ 수익성/성장성 분석

⇨

계획/준비단계

① 사업계획서 작성
② 투자설명회 개최
③ 브랜드/로고 구축
④ 테마스토리 생성

⇨

실행단계

① 홈페이지 구축/회원모집
② 스토리별 캡슐 제작
③ 테마파크 조성
④ 부대시설 사업자 계약

⇨

판매/영업단계

① 온/오프라인 광고/홍보
② TV드라마 장소협찬
③ 사례별 스토리 발굴/홍보
④ 동호회/학교 등 DM발송

⇨

확장단계

① 주제별 테마파크 조성
② 기념품/연관상품 판매
③ 여행회사 협업계약
④ 지방자치단체 협업계약

전문가와의 점심식사 사이트

- 업태: 사업시설 관리 및 사업지원 서비스업
- 업종: 기타 사업지원 서비스업
- 형태: 재택근무방식
- 자금규모: 500만 원 이하
- 주요 경쟁자: 인적네트워크 연결서비스 제공사이트

사업 분석

① 사업 환경

직장 퇴직자들의 노하우(Knowhow)와 경험 등을 공유할 수 있는 통로가 부족하여, 관련분야 초기 신입자들이 많은 시행착오를 겪는다.

② 경쟁자 분석

예/체능분야를 중심으로 중개 사이트가 존재하지만, 퇴직자의 노

하우와 경험 등을 중개하는 사이트는 전무하고, 저명인사 중심의 강연과 세미나를 통해 경험과 지식이 공유되고 있다.

③ 소비자 분석

인터넷을 통해 관련분야 정보를 취득하거나, 인적 네트워크를 활용하여 획득하고 있다.

④ 성장가능성 분석

퇴직자가 보유한 관련분야 경험과 노하우를 습득하려는 사람들이 증가하고 있다.

⑤ 위험(Risk) 분석

매칭(matching)에 따른 효용성이 검증되어야 하고, 사업초기 분야별 인력 Pool을 구축하지 못하면, 자본력 있는 후발주자에게 추월당할 수 있다.

⑥ 수익성 분석

회원가입비와 중개수수료 수입 이외에 강연회와 세미나 개최 등을 통해 추가수익을 기대할 수 있다.

사업기회

① 산업분야별 퇴직자와 수요자가 만나서 경험과 지식을 공유하는 기회가 적다.
② 전문지식은 교육을 통해 전수되고 현장경험과 노하우는 개인이 직접 체득하는 경우가 많다.
③ 기대수명 증가로 경험과 지식을 판매하려는 사람도 증가하고 있다.
④ 각 분야별 퇴직자와 수요자를 연결해주는 회사가 소수이다.
⑤ 개인별 인적 네트워크를 활용한 노하우 습득은 한계가 있다.

사업전략

① 인터넷 홈페이지와 오프라인 행사를 통해 수요자와 공급자를 모집하고 홍보한다.
② 1대1 만남을 주선하여 정보전달의 폭과 양을 확장한다.
③ 브랜드와 로고를 구축하여 시장을 선점한다.

경영전략

① 의무 상담시간을 금액별로 달리한다.
② 인터넷으로 신청하고 오프라인에서 미팅하는 방식으로 운영한다.
③ 중개수수료를 선취하고 정보제공자에게 후불한다.
④ 재 구매를 신청하면 수수료를 최대 50% 감액한다.

★**Tip** 사이트 신뢰도를 높일 수 있는 저명인사를 대상으로 판매자 Pool이 구축되어야 한다.

사업화 진행순서

시장조사단계		계획/준비단계		실행단계
① 시장규모 확인 ② 경쟁자 분석 ③ 소비자 분석 ④ 수익성/성장성 분석	⇨	① 사업계획서 작성 ② 홈페이지 구축 ③ 브랜드/로고 구축 ④ 판매자정보 수집	⇨	① 회원모집 ② 온/오프라인 행사 진행 ③ 저명인사 섭외/강의 ④ 연관사업자 협업계약

	판매/영업단계
⇨	① 온/오프라인 홍보, 광고 ② 학교/취업기관 협업계약 ③ 강연/세미나 진행 ④ 정부기관 연계 공익활동

어학버스 프로그램 운영

- ▶ 업태: 교육서비스업
- ▶ 업종: 교육지원 서비스업
- ▶ 형태: 무점포운영방식
- ▶ 자금규모: 2천만 원 이하
- ▶ 주요 경쟁자: 어학학원, 음반테이프/CD 제작/판매회사

사업 분석

① 사업 환경

수도권을 중심으로 광역버스가 운행되고, 주요고객인 직장인과 대학생 대다수가 어학능력 향상에 많은 시간과 비용을 투자하고 있다.

② 경쟁자 분석

어학학원 등에서 교육프로그램과 어학교재 등을 판매하고 있고, EBS에서 어학강의를 방영하고 있다.

③ 소비자 분석

출/퇴근시간에 모바일(mobile)로 유료 어학/자격증 강의를 수강하는 직장인과 대학생이 많다.

④ 성장가능성 분석

버스회사는 운송수수료 이외의 부가수익을 창출할 수 있고, 어학프로그램 공급자는 틈새시장을 공략할 수 있다.

⑤ 위험(Risk) 분석

소비자 호응도가 낮을 경우 어학 학습기 설치에 투자된 초기비용 회수가 어려울 수 있다.

⑥ 수익성 분석

버스노선 운행기간 중 지속적인 운영이 가능하고, 어학학습 이외의 영화/음악/공연 프로그램을 판매할 수 있어서 부가수익을 기대할

수 있다.

사업기회

① 버스 운행 중 어학과 영화 등 콘텐츠를 판매하는 버스회사는 소수이다.
② 직장인과 학생 등 어학학습 수요가 풍부하고 다양한 콘텐츠 탑재가 가능하다.

사업전략

① 브랜드를 구축하고 버스회사와 협업한다.
② 좌석별 고정용 이어폰 또는 헤드폰 등을 설치하여 개별학습이 가능하도록 한다.
③ 어학강의 이외에 영화/음악/공연 등의 콘텐츠를 선택할 수 있도록 시스템을 구축한다.

경영전략

① 버스회사와 협업하여 시스템을 장착하고 수익을 배분한다.
② 학습카드는 카드회사와 협업하여 선불충전방식으로 제공한다.
③ 시범버스를 운영하여 소비자 반응을 확인한 뒤 개선점을 보완한다.

★Tip 버스회사와 이익을 공유할 수 있는 협업체계 구축이 선행되어야 한다.

사업화 진행순서

시장조사단계

① 출/퇴근시장 규모 확인
② 경쟁자 분석
③ 소비자 분석
④ 수익성/성장성 분석

⇨

계획/준비단계

① 사업계획서 작성
② 어학학원 협업계약
③ 투자자 모집/사업설명회
④ 콘텐츠회사 협업계약

⇨

실행단계

① 버스회사 협업계약
② 카드회사 협업계약
③ 홈페이지/로고 구축
④ 브랜드/로고 구축

⇨

판매/영업단계

① 온/오프라인 홍보
② 온라인 회원모집
③ 선불카드 판매
④ 연관분야 콘텐츠 계약

나만의 장식품을 만들다 - 수제 반제품 매장

- ▶ 업태: 도매 및 소매업
- ▶ 업종: 예술품, 기념품 및 장식용품 소매업
- ▶ 형태: 점포운영방식
- ▶ 자금규모: 1억 원 이상
- ▶ 주요 경쟁자: 액세서리 제조/유통자

사업 분석

① 사업 환경

인테리어 소품 대다수가 공장생산 제품이고 일부 공방(工房)에서 회원들이 직접 제작한다.

② 경쟁자 분석

중국 등에서 생산된 공장생산 제품 판매자와 개인공방에서 제작한 수제품을 판매하는 개인사업자로 양분되어 있다.

③ 소비자 분석

액세서리 수요는 유행흐름에 따라 꾸준히 발생하고, 다른 사람과 차별화된 자신만의 장식품을 착용하려는 소비자가 증가하고 있다.

④ 성장가능성 분석

개성을 중시하는 가치관의 변화에 따라 희소성이 높은 제품이 주목받고, 제품제작에 직접 참여하려는 소비자가 증가하고 있다.

⑤ 위험(Risk) 분석

액세서리에 대한 객관적인 품질보증이 어려워서 지명도가 높은 장인(匠人)제품을 제외하고 소비자 선호도가 낮다.

⑥ 수익성 분석

개인이 제작에 직접 참여하므로 부가가치를 높일 수 있고, 공장생산 제품보다 높은 가격으로 판매가 가능하다.

사업기회

① 구매자가 디자인을 제시하고 제작과정에 참여하는 장식품전문점은 소수이다.

② 주문제작 수제품 액세서리 분야의 선두주자가 없어서 진입장벽이 낮다.

사업전략

① 소비자가 제작에 참여할 수 있게 제작과정을 구성하여 만족도를 높인다.

② 브랜드를 구축하여 전문점으로서의 신뢰도와 인지도를 높인다.

③ 제품별 고객스토리 북(book)을 제작하여 제품과 같이 전달한다.

경영전략

① 기본디자인 문양을 비치하여 제작공정을 단순화하고 생산단가를 절감한다.

② 고급재질의 포장재와 보관함으로 상품가치를 높인다.

③ 품질보증서류를 발급하고 무료 A/S를 제공한다.

★**Tip** 트렌드 변화에 민감한 20~30대 고객의 취향과 선호도를 운영방식에 반영해야 한다.

사업화 진행순서

시장조사단계

① 시장규모 확인
② 경쟁자 분석
③ 소비자 분석(구매성향)
④ 수익성/성장성 분석

⇨

계획/준비단계

① 사업계획서 작성
② 홈페이지 구축
③ 브랜드/로고 구축
④ 공방매장 협업계약

⇨

실행단계

① 공방개설/회원모집
② 온/오프라인 행사 진행
③ 연관사업자 협업계약

⇨

판매/영업단계

① 온/오프라인 홍보, 광고
② 이벤트 행사 진행
③ 디자인 문양 개발
④ Feedback 고객제공

왼손잡이 전용 판매점

- ▶ 업태: 도매 및 소매업
- ▶ 업종: 기타 생활용품 소매업
- ▶ 형태: 점포운영방식
- ▶ 자금규모: 1억 원 이상
- ▶ 주요 경쟁자: 왼손잡이 용품/의류 판매자

사업 분석

① 사업 환경

왼손잡이를 위한 전용매장이 온/오프라인에서 일부 운영 중이고, 일반매장에서 판매하는 왼손잡이용 제품은 종류와 수량이 제한적이다.

② 경쟁자 분석

의류 등 특정상품 중심의 전문점이 운영 중이고, 각 상품별 왼손잡이용품만 판매하는 전문점은 활성화되지 않았다.

③ 소비자 분석

국내 왼손잡이는 2019년 기준 전체 인구의 약 5%로 틈새시장이 존재한다.

④ 성장가능성 분석

인구비율 대비 왼손잡이 전용매장이 부족하여 브랜드를 구축하고 전문점 형태로 운영하면 시장점유율 확대가 가능하다.

⑤ 위험(Risk) 분석

각 상품별 왼손잡이용품 판매에 따른 제품수급의 어려움이 존재한다.

⑥ 수익성 분석

경쟁자가 적어서 전문매장으로 홍보하여 인지도를 높이면 시장점유율을 확대할 수 있다.

사업기회

① 왼손잡이 전문점이 소수이고 시장 선두주자가 없다.
② 백화점 형태의 왼손잡이 전문매장이 없어 원스톱구매가 어렵다.
③ 왼손잡이용품의 희소성 때문에 전용매장에 대한 고객충성도가 높다.

사업전략

① 브랜드와 홈페이지를 구축하여 전문매장으로 홍보한다.
② 온라인 쇼핑몰을 구축하여 온라인 판매를 병행한다.

경영전략

① 홈페이지를 구축하여 홍보하고 회원가입을 유도한다.
② 왼손잡이에 특화된 이벤트를 진행하여 매장방문을 유도한다.
③ 회원에게 정기적인 상품정보를 제공하여 구매율을 높인다.

★**Tip** 사업초기 왼손잡이 전문점으로서의 인지도 확산에 효과적인 홍보방안을 강구해야 한다.

사업화 진행순서

시장조사단계		계획/준비단계		실행단계
① 시장규모 확인 ② 소비형태/수요 파악 ③ 경쟁자 분석 ④ 수익률/성장가능성 분석	⇨	① 사업자계획서 작성 ② 투자자 유치/사업설명회 ③ 브랜드/로고 구축 ④ 물품공급업체 계약체결	⇨	① 매장 개설 ② 직원채용 및 교육 ③ 온/오프라인 홍보, 광고 ④ 온라인쇼핑몰 개설

	판매/영업단계
⇨	① 마케팅 활동 ② 이벤트행사 진행 ③ 판매품목 확대 ④ 지역별 매장개설 진행

무명화가 그림 유통 사이트(Site)

- 업태: 도매 및 소매업
- 업종: 예술품 및 골동품 소매업
- 형태: 재택근무방식
- 자금규모: 1,000만 원 이하
- 주요 경쟁자: 화랑, 인터넷 그림유통 사업자

사업 분석

① 사업 환경

유명작가의 그림은 온라인 구매가 어렵고, 기존의 온라인 그림 판매 사이트에서 전업화가와 무명화가의 그림이 혼재되어 판매되고 있다.

② 경쟁자 분석

그림유통 사이트를 통해 전업화가 그림 위주로 판매되고, 전시장과 화랑 등에서 행사와 전시회를 통해 판매되고 있다.

③ 소비자 분석

재테크와 취미 및 인테리어 목적으로 유명화가와 중견화가 등의 그림을 구매하고 있다.

④ 성장가능성 분석

소득수준 향상으로 문화생활에 대한 관심이 증가하고, 재테크 수단으로 예술작품이 주목받고 있다.

⑤ 위험(Risk) 분석

명확한 목표고객 세분화와 전문분야가 선정되지 않으면 기존 사업자와의 변별력을 상실할 수 있다.

⑥ 수익성 분석

무명화가의 성장가능성을 판매소구점으로 활용하여 부가가치를 높이면 기대이상의 가격으로 판매할 수 있다.

사업기회

① 일반인/대학생 등의 작품을 전문으로 판매하는 사이트(site)는 없다.

② 소득수준 향상에 따라 그림 등 예술작품을 구매하려는 소비자가 증가하고 있다.

③ 고가의 그림가격에 부담감을 갖는 소비자가 많다.

사업전략

① 대학/대학원생 작품을 전문적으로 판매한다.

② 대학/대학원생 커뮤니티에 가입하여 사이트 소개 및 회원가입을 유도한다.

③ 최고가격과 최저가격대를 설정하여 가격의 모호성에 따른 소비자 불안감을 해소한다.

경영전략

① 소비자의 신뢰도를 높이기 위해 에스크로(Eescrow)계좌를 운용하고 보증보험에 가입한다.

② 하자/훼손 등의 문제발생에 대한 판매후서비스(A/S)를 제공한다.

★**Tip** 사이트를 무명작가들이 수익창출과 지명도 확산의 수단으로 인식하도록 마케팅해야 한다.

사업화 진행순서

시장조사단계

① 시장규모/경쟁업체 수
② 계층별 소비자 수요
③ 경쟁자 운영방식
④ 대학(원)생 작가 정보

⇨

계획/준비단계

① 사업자 등록
② 사업계획서 작성
③ 사업방향 설정/브랜드 구축
④ 브랜드 구축

⇨

실행단계

① 판매 사이트 구축
② 작가 섭외 및 Pool 구축
③ 브랜드 홍보/광고
④ 시장선점 전략 실행

⇨

판매/영업단계

① 마케팅 활동
② 온라인 홈페이지 개설
③ 회원모집/심사/관리
④ 정기적인 이벤트 시행

⇨

확장단계

① 판매품목 다변화
② 해외 판매용 영문사이트 구축
③ 물류/보관시스템 구축
④ 오프라인 직영매장 개설

양푼비빔밥 전문점

- 업태: 숙박 및 음식점업
- 업종: 한식 일반 음식점업
- 형태: 점포운영방식
- 자금규모: 5천만 원 이상
- 주요 경쟁자: 한식점, 분식점

사업 분석

① 사업 환경

비빔밥은 구성 재료와 조리방식에 대한 소비자들의 인지도가 높고 일반음식점에서 다른 메뉴와 혼재되어 판매되고 있다.

② 경쟁자 분석

대다수 한식점에서 각자의 비빔밥을 판매하고 공장생산 제품이 편의점에서 판매되고 있다.

③ 소비자 분석

지역별 재료 차이가 존재하는 한식메뉴 중 한 종류로 인식하고 있다.

④ 성장가능성 분석

비빔밥의 종류와 재료가 대동소이하여 진입장벽이 낮고 지속적인 소비자 수요가 존재한다.

⑤ 위험(Risk) 분석

비빔밥에 대한 소비자 인지도가 높아서 명확한 차별화가 이루어지지 않으면 변별력이 없다.

⑥ 수익성 분석

투입되는 재료 가짓수 대비 생산원가가 높지 않아 수익률이 높다.

사업기회

① 다인용 양푼비빔밥 전문점은 소수에 불과하다.

② 판매 중인 비빔밥 가격이 너무 높고 투입되는 내용물에 특별한 차이점이 없다.

③ 건강지향 트렌드에 따라 건강식으로서 비빔밥 수요는 지속적으로 증가하고 있다.

④ 내용물 구성에 따라 가격인하 및 차별화요인이 많다.

사업전략

① 2~3가지 기본재료에 일자/계절별 부가재료를 첨가하여 뷔페식으로 운영한다.

② 된장/고추장/간장으로 차별화한다.

③ 30대~50대 연령층 직장인을 핵심목표고객으로 선정한다.

경영전략

① 2~3인용 메뉴만 판매한다.

② 고추장/참기름/된장국 등을 기본반찬으로 제공한다.

③ 상차림 반찬을 1~2종류로 최소화하여 생산원가를 절감한다.

④ 기본재료 이외의 고명재료를 달리하여 메뉴를 다양화한다.

★Tip 고객이 가성비 좋은 메뉴로 인식할 수 있도록 재료의 양과 품질에 집중해야 한다.

사업화 진행순서

시장조사단계

① 시장규모/경쟁업체 수
② 소비자 수요
③ 식당 운영형태

⇨

계획/준비단계

① 사업계획서 작성
② 조리법 개발
③ 사업방향 설정/브랜드 구축
④ 재료공급계약

⇨

실행단계

① 점포임대
② 집기비품 구비
③ 운영계획안 작성
④ 인력채용 및 교육

⇨

판매/영업단계

① 마케팅(광고/홍보) 활동
② 온라인홈페이지 개설

수제 잼/술 제조 판매

- ▶ 업태: 제조업
- ▶ 업종: 발효주 제조업/과실 · 채소 가공 및 저장처리업
- ▶ 형태: 재택근무방식
- ▶ 자금규모: 1천만 원 이하
- ▶ 주요 경쟁자: 식품제조회사, 수제식품판매자

사업 분석

① 사업 환경

대다수 잼과 술 제품은 공장 생산품이고 일부 영농법인과 농가에서 마을기업 형태로 제조/판매하고 있다.

② 경쟁자 분석

식품회사 공장 생산품의 시장점유율이 높고, 일부 영농법인과 개인사업자 제품이 틈새시장을 공략하고 있다.

③ 소비자 분석

친환경/유기농 제품에 대한 소비자 관심과 지출이 증가하고 있다.

④ 성장가능성 분석

건강지향 제품(음식)에 대한 소비자 관심은 지속적으로 증가할 것이다.

⑤ 위험(Risk) 분석

브랜드 인지도가 낮고 생산수량이 한정적이며 비위생적 제조환경에 노출되기 쉽다.

⑥ 수익성 분석

친환경/유기농 재료와 위생적인 제조방식을 경쟁력으로 구비하면 공장 생산품과의 변별력을 높일 수 있다.

사업기회

① 공장 생산품에 대한 소비자 불신이 존재한다.
② 건강지향 트렌드로 인해 친환경/유기농 식품이 주목받고 있다.
③ 소규모 농가와 재료공급 계약이 용이하다.

사업전략

① 유기농 과일 재배농가와 계약하여 친환경/유기농 식품으로 스토리텔링한다.
② 한살림, 생협, 초록마을 등과 계약하여 납품한다.
③ 공신력 있는 인증기관의 시험성적서를 발급받아 마케팅에 활용한다.

경영전략

① 홈페이지를 구축하여 회원을 모집한다.
② 친환경/유기농 제품임을 인증/보장하고 판매가격을 공장 생산품 대비 10% 높게 책정한다.
③ 생산과정과 재료정보를 공개하여 소비자 신뢰도를 높인다.

★Tip 친환경/유기농 재료 사용 및 홍보로 건강지향제품으로서의 차별성을 강조해야 한다.

사업화 진행순서

시장조사단계

① 시장규모/경쟁업체 수
② 소비자 수요
③ 농가정보

⇨

계획/준비단계

① 사업자 등록
② 사업계획서 작성
③ 제조시설/장비 구축
④ 농가공급계약

⇨

실행단계

① 홈페이지 구축
② 위생/제조 허가
③ 브랜드 구축
④ 인력채용 및 교육

⇨

판매/영업단계

① 유튜브/SNS 홍보
② 회원모집
③ 블로그/체험단 홍보
④ 유기농 유통매장 입점

무명작가 도자기 전문점

- 업태: 도매 및 소매점
- 업종: 그 외 기타 상품 전문 소매업
- 형태: 점포운영방식
- 자금규모: 1억 원 이상
- 주요 경쟁자: 관광용품판매점, 공예품판매점

사업 분석

① 사업 환경

유명작가와 무명작가 및 도자기공방 제품이 혼재되어 판매되고 있고, 선물용 또는 소장용으로 구매하는 경우가 많다.

② 경쟁자 분석

개인공방과 공예품 판매점 등에서 다양한 종류와 가격대의 도자기를 판매하고 있다.

③ 소비자 분석

재테크 및 선물 목적으로 중/저가 제품을 구매하는 소비자가 증가하고 있다.

④ 성장가능성 분석

재테크와 소장 목적의 예술작품에 대한 관심이 지속적으로 증가하고 있다.

⑤ 위험(Risk) 분석

신뢰도를 담보할 수 있는 무명작가 작품을 확보하지 않으면 기존 사업자와 변별력이 없다.

⑥ 수익성 분석

무명작가 작품 전문점으로 신뢰도를 확보하면 수익률을 높일 수 있다.

사업기회

① 외국인의 도자기에 대한 관심도 대비 신뢰할 수 있는 구매처가 한정적이다.

② 무명작가 도자기를 해외 소비자에게 판매하는 판매자가 소수이다.

사업전략

① 무명작가 작품 전문점으로 인지도와 신뢰도를 높인다.

② 해외 인터넷몰을 활용하여 판매한다.

경영전략

① 전통문양과 옻칠/나전칠기 기법을 적용한 보관함을 사용하여 고급스런 이미지를 전달한다.

② 손해보증서와 작가 이력서를 첨부하여 신뢰도를 높인다.

③ 홈페이지에 제조과정과 작가 이력을 공개하여 신뢰도를 높인다.

★**Tip** 사업초기 대표적인 거래 또는 홍보 성공사례를 조기에 시현하여 무명작가의 자발적인 회원가입을 유도해야 한다.

사업화 진행순서

시장조사단계		계획/준비단계		실행/판매단계
① 시장규모/경쟁업체 수 ② 시장규모 및 수요	⇨	① 작가 Pool 구축 ② 공급계약 체결 ③ 홈페이지/브랜드 구축	⇨	① 회원모집 ② 해외유통몰 입점 ③ 보증보험 가입

공공기관/회사 대상 만화/소설책 대여

- 업태: 사업지원 및 임대 서비스업
- 업종: 서적 임대업
- 형태: 점포운영방식
- 자금규모: 5천만 원 이하
- 주요 경쟁자: 종교서적 판매상, 서적 대여업자

사업 분석

① 사업 환경

만화와 소설책은 온/오프라인 만화카페 등에서 구독/대여방식으로 유통되고 있다.

② 경쟁자 분석

만화와 소설책 등을 공공기관과 기업 등에 정기교환 및 대여하는 사업자는 전무하다.

③ 소비자 분석

공공기관과 기업 등은 자기비용으로 구매하여 휴게실 등에 비치한다.

④ 성장가능성 분석

신규도서 구입비용 대비 대여비용이 저렴하여 고정고객을 확보하면 정기적인 매출을 기대할 수 있다.

⑤ 위험(Risk) 분석

사업초기 대량의 도서 구입으로 인한 초기비용 부담이 있고 거래처 확보에 실패하면 수익성이 낮아질 수 있다.

⑥ 수익성 분석

도서 구입비용 이외의 추가비용이 적어서 수익확보가 용이하다.

사업기회

① 공공기관과 기업의 휴게공간에 도서를 대여하는 사업자가 적다.
② 시장을 선점하면 점유율을 극대화할 수 있다.
③ 직원 및 민원인의 휴식공간을 조성하는 기업과 공공기관이 증가하고 있다.
④ 기존 만화방/도서대여점 사업자의 추가 매출처가 될 수 있다.

사업전략

① 서비스사업자(찜질방/이 · 미용실/백화점문화센터/대학 등)에게 추가적으로 공급한다.
② 회원가입을 유도하고 정기적으로 교환/대여한다.
③ 공공기관 또는 기업 휴게공간을 임차하여 직접 운영하거나 재임대한다.

경영전략

① 대여기간을 연간 계약하여 고정매출을 확보한다.
② 임대물 관리에 대한 귀책사유를 문서화하여 책임소재를 명확히 한다.
③ 소비자 수요에 따라 직영방식과 도서제공방식 중 하나를 선택한다.

★**Tip** 공공기관 및 기업체 복리후생 담당자와의 사전 교감이 중요하다.

사업화 진행순서

시장조사단계		계획/준비단계		실행/영업단계
① 시장규모/경쟁업체 수 ② 소비자 수요 파악 ③ 수익계산	⇨	① 브랜드/홈페이지 구축 ② 사업계획서 작성 ③ 도서 구매 ④ 공급처 Pool 확보	⇨	① 임차/대여계약 체결 ② 회원모집 ③ 관리인력 채용

1인 전용 만화/수면카페

- ▶ 업태: 사업지원 및 임대 서비스업
- ▶ 업종: 서적 임대업
- ▶ 형태: 점포운영방식
- ▶ 자금규모: 1억 원 이상
- ▶ 주요 경쟁자: 만화카페, 공부카페

사업 분석

① 사업 환경

대다수 독서카페가 개방형 구조로 개인전용 공간을 제공하는 사업자가 소수이다.

② 경쟁자 분석

소수의 만화카페가 1인 전용공간을 만들어 간식/기호품 등을 판매하며 영업 중이다.

③ 소비자 분석

가정과 사무실 등을 벗어나 자신만의 공간에서 독서와 휴식하기를 원하는 소비자가 많다.

④ 성장가능성 분석

개인이 자신만의 전용공간에서 독서와 휴식할 수 있는 장소가 많지 않다.

⑤ 위험(Risk) 분석

후발주자가 운영방식과 공간구성 등을 모방하기 용이하고 경쟁자와 차별화하기 쉽지 않다.

⑥ 수익성 분석

수면과 독서를 결합하여 수수료를 청구할 수 있어 부가가치가 높다.

사업기회

① 만화카페가 개인전용 휴식공간으로 운용되지 못하고 있다.
② 기존의 만화카페에 여성전용 공간이 적다.

사업전략

① 휴식과 독서가 결합된 전용공간을 제공하는 장소로 홍보한다.
② 운영방식은 회원제와 사전예약제를 병행하여 운영한다.
③ 간식과 음료 등의 부가서비스를 제공하여 추가수익을 창출한다.

경영전략

① 1인용과 2인용 전용공간을 만들고 공용 샤워공간을 구성한다.
② 홈페이지를 구축하여 회원을 모집하고 가입회원에게 인센티브를 제공한다.
③ 가입회원 명의로 1인 한정 추가사용이 가능하도록 하여 사용빈도를 높인다.
④ 간식과 수면용품 및 세면용품 등을 유료로 판매한다.

★Tip 개인이 온전히 단독으로 사용할 수 있는 개인별 사적 공간 확보가 중요하다.

사업화 진행순서

시장조사단계		계획/준비단계		실행단계
① 시장규모/경쟁업체 수 ② 소비자 수요 파악 ③ 투자수익률 계산	⇨	① 도서/용품 공급처 확보 ② 사업계획서 작성 ③ 인테리어 도면 작성 ④ 인/허가 취득	⇨	① 점포 임차 ② 집기비품/도서 구입 ③ 홈페이지/브랜드 구축 ④ 인력채용 및 교육

소상공인 폐업 컨설턴트

- ▶ 업태: 사업지원 서비스업
- ▶ 업종: 기타 사업지원 서비스업
- ▶ 형태: 재택근무방식
- ▶ 자금규모: 1천만 원 이하
- ▶ 주요 경쟁자: 창업/경영컨설턴트, 비영리정부기관

사업 분석

① 사업 환경

소상공인 폐업을 전문 컨설팅 하는 업체는 소수이고, 폐업자 대다수가 개인역량으로 폐업한다.

② 경쟁자 분석

일부 창업/경영컨설팅회사와 철거회사 등에서 폐업컨설팅을 제공하고 있지만 활성화되지 않았다.

③ 소비자 분석

소상공인 대다수가 개인역량에 의지하여 폐업절차를 진행하고 있다.

④ 성장가능성 분석

체계적인 폐업과 전업절차 진행을 희망하는 소상공인 수요가 꾸준히 증가하고 있다.

⑤ 위험(Risk) 분석

소상공인에 특화된 폐업컨설팅 기법과 관련 정보가 제공되지 않으면 경쟁자와의 차별화가 쉽지 않다.

⑥ 수익성 분석

소상공인의 창업과 폐업이 빈번하여 지속적인 수익창출이 가능하다.

사업기회

① 소상공인 전문 폐업컨설팅업체가 소수에 불과하다.
② 대다수 소상공인이 폐업절차를 개인역량에 기대어 진행하고 있다.
③ 폐업 이후 사업전략과 재기계획을 컨설팅 하는 업체가 소수이다.

사업전략

① 소상공인에 특화된 폐업컨설팅을 제공하고 폐업 이후 계획을 자문한다.
② 시장번영회 등과 계약하여 고정고객을 확보하고 관리한다.

경영전략

① 고객정보 리스트를 만들어 활용하고 관리한다.
② 변호사와 세무사 등 업무 네트워크를 구축하여 종합 컨설팅을 제공한다.

★**Tip** 경영지도사 등 관련분야 자격증 취득 또는 언론 소개 등을 통해 대외적인 공신력을 갖춰야 한다.

사업화 진행순서

시장조사단계		계획/준비단계		실행단계
① 시장규모/경쟁업체 수 ② 소비자 수요 파악 ③ 자체 경쟁력 분석	⇨	① 사업계획서 작성 ② 정보네트워크 구축 ③ 홈페이지/브랜드 구축 ④ 상인정보 Pool 구축	⇨	① 법인 설립 ② 사무실 임차 ③ 운영계획안 작성 ④ 상인회 등 계약

포테이토 & 스윗포테이토 테이크아웃 전문점

- ▶ 업태: 숙박 및 음식점업
- ▶ 업종: 서양식 음식점업
- ▶ 형태: 점포 운영방식
- ▶ 자금규모: 1억 원 이상
- ▶ 주요 경쟁자: 패스트푸드점, 레스토랑

사업 분석

① 사업 환경

감자와 고구마를 주재료로 사용하는 메뉴는 많지만 전문음식점은 적다.

② 경쟁자 분석

감자와 고구마를 주력메뉴로 판매하는 전문음식점은 적다.

③ 소비자 분석

맛과 조리방식에 익숙하고 남녀노소 대다수가 좋아하는 재료이다.

④ 성장가능성 분석

소비자 인지도가 높아서 다른 재료와 결합한 신규메뉴를 개발하면 틈새시장 공략이 가능하다.

⑤ 위험(Risk) 분석

재료와 맛이 소비자에게 익숙하여 신규메뉴로 개발하거나 기존메뉴와 차별화하기 어렵다.

⑥ 수익성 분석

신규메뉴를 개발하여 전문점으로서 인지도를 높이면 가격결정권을 판매자가 가질 수 있다.

사업기회

① 감자와 고구마를 주력메뉴로 판매하는 전문점이 적다.
② 감자와 고구마에 대한 소비자 인지도가 높다.
③ 특별한 차별화가 이루어지지 않은 조리법 재료이다.

사업전략

① 조리법과 부재료를 차별화한다.
② 크기와 색상 및 모양 등으로 차별화한다.
③ 세계 각국의 대표적인 감자/고구마 요리를 판매한다.

경영전략

① 다이어트와 유행에 민감한 20대~30대 여성층을 주요 목표고객으로 선정한다.
② 국가별 메뉴로 메뉴판을 구성하여 선택의 폭을 넓힌다.
③ 주력메뉴와 어울리는 음료로 부가가치를 높인다.

★Tip 특색 있는 재료 또는 국가별 대표메뉴 제공 등으로 유사업체와 명확하게 차별화되어야 한다.

사업화 진행순서

시장조사단계		계획/준비단계		실행/영업단계
① 시장규모/경쟁업체 수 ② 소비자 수요 파악 ③ 수익성 검토	⇨	① 경쟁자 분석 ② 사업계획서 작성 ③ 주력메뉴 개발	⇨	① 매장 임차 ② 집기비품 구비 ③ 운영계획안 작성 ④ 브랜드/홈페이지 구축

커피 찌꺼기 용기 광고대행사

- ▶ 업태: 전문, 과학 및 기술서비스업
- ▶ 업종: 광고대행업
- ▶ 형태: 재택근무방식
- ▶ 자금규모: 2천만 원 이하
- ▶ 주요 경쟁자: 광고대행사

사업 분석

① 사업 환경

커피 찌꺼기와 음료용기를 사업화하는 사업자가 소수이고, 일부 소비자는 찌꺼기를 탈취제 또는 방향제 용도로 사용하고 있다.

② 경쟁자 분석

소수의 광고대행사가 일회용 커피용기와 커피 찌꺼기를 활용하여 광고용품을 제작/판매하고 있다.

③ 소비자 분석

커피에 대한 거부감이 적고 커피 찌꺼기를 탈취제 등의 용도로 활용하는 소비자가 많다.

④ 성장가능성 분석

커피 찌꺼기의 재활용이 가능하여 자원재생사업에 부합하고, 생활 속 틈새시장을 공략할 수 있어서 시장규모가 확대될 것이다.

⑤ 위험(Risk) 분석

단순한 커피 찌꺼기의 재활용 수준에 머무르면 후발주자의 모방을 차단할 수 없다.

⑥ 수익성 분석

커피용기와 찌꺼기를 화분 또는 인테리어 소품으로 재활용하여 광고를 부착하면 대량판매도 가능하다.

사업 기회

① 커피 찌꺼기를 활용한 광고사업자가 많지 않다.
② 커피 찌꺼기를 재활용한 화분 또는 인테리어 소품에 대한 소비자 거부감이 적다.
③ 생활 속 광고시장을 공략할 수 있다.

사업전략

① 커피 찌꺼기와 음료용기를 무료 수거하여 식물씨앗을 심은 뒤 소비자에게 무상 제공한다.
② 커피 찌꺼기 용기에 카페 또는 기업 상품광고를 인쇄한다.

경영전략

① 문구회사와 출판회사 및 은행 등 광고매체가 한정적인 기업에 광고를 제안한다.
② 초등학교 등에 교육실습도구로 판매한다.

★Tip 커피 찌꺼기 광고를 통해 획득한 수익을 기반으로 커피 찌꺼기 이외의 추가적인 광고 매개체를 찾아야 한다.

사업화 진행순서

시장조사단계		계획/준비단계		실행/영업단계
① 시장규모/경쟁업체 수 ② 소비자 수요 ③ 수익성 분석	⇨	① 재료공급처 확보 ② 광고주 Pool 구축 ③ 브랜드 구축	⇨	① 광고대행 계약체결 ② 홈페이지 회원모집

인터넷 추억자료 관리 사이트

▶ 업태: 도매 및 소매업

▶ 업종: 통신판매업

▶ 형태: 재택근무방식

▶ 자금규모: 1천만 원 이하

▶ 주요 경쟁자: 개인블로그, SNS계정

사업 분석

① 사업 환경

온라인상에서 개인의 추억자료를 위탁/보관하고 의뢰인이 지정한 일자에 추억자료를 전달 또는 공개하는 사이트는 소수이다.

② 경쟁자 분석

개인의 추억 관련 물품판매 사이트와 일정관리 양식 제공 사이트가 운영 중이다.

③ 소비자 분석

개인별로 추억자료를 관리하며, 체계적인 관리와 보관이 이루어지지 않고 있다.

④ 성장가능성 분석

개인의 추억자료를 전문 관리하는 사이트가 소수이고, 대다수 인적교류가 인터넷 기반으로 진행되므로 시장규모는 지속적으로 확대될 것이다.

⑤ 위험(Risk) 분석

초기 시장점유율을 높이지 못하면 유사/모방사이트 출현에 따라 변별력을 확보하기 쉽지 않다.

⑥ 수익성 분석

회원가입비와 관리비 등을 청구할 수 있어 회원확대에 따른 지속적인 수익창출이 가능하다.

사업 기회

① 개인의 추억자료에 대한 저장, 보관, 폐기, 이벤트 알림 서비스를 제공하는 업체가 소수이다.
② 초기 투자비용이 홈페이지 구축과 홍보비용에 국한되어 투자자금 부담이 적다.
③ 개인이 추억자료를 장기간 관리/유지하기 어렵다.

사업전략

① 소비자가 위탁한 개인정보에 접근할 수 없는 시스템을 구축하여 신뢰도를 높인다.
② 관리자의 역할한계를 저장, 보관, 알림, 폐기 서비스에 국한한다.
③ 정보관리 상태를 정기적으로 개인에게 통지하여 신뢰도를 높인다.
④ 보관기간, 알림서비스 제공시점 등을 개인이 선택하도록 프로그램을 구성한다.

경영전략

① 소비자 요구사항을 반영하여 사진인쇄와 복사 및 발송서비스 등을 제공한다.
② 보관기간과 이벤트 실시여부 등에 따라 수수료 금액을 차별화한다.
③ 학교/군대동기방 등 공동의 추억자료를 보관할 수 있는 공간을 별도로 제공한다.

★Tip 개인정보 보호 및 효율적인 관리에 대한 고객의 의구심을 해소할 수 있는 공신력 있는 시스템 구축 또는 인력 구성이 선행되어야 한다.

사업화 진행순서

시장조사단계		계획/준비단계		실행/영업단계
① 시장규모/경쟁업체 수 ② 소비자 수요 파악 ③ 수익성 분석 ④ 경쟁자 분석	⇨	① 브랜드/홈페이지 구축 ② 운영매뉴얼 작성 ③ 시스템 구축	⇨	① 회원모집 및 홍보 ② 인력채용 및 교육

찾아가는 맞춤안경점

- ▶ 업태: 도매 및 소매업
- ▶ 업종: 안경 및 렌즈 소매업
- ▶ 형태: 점포운영방식
- ▶ 자금규모: 2천만 원 이하
- ▶ 주요 경쟁자: 안경전문점

사업 분석

① 사업 환경

안경 구매를 위해 안경점을 방문해야 하는 격/오지 주민과 거동이 불편한 노인들의 이동이 쉽지 않다.

② 경쟁자 분석

대다수 안경점이 방문하는 소비자를 대상으로 영업하고 있다.

③ 소비자 분석

안경점을 방문해야 하는 불편함과 판매자가 가격결정권을 갖고 있는 불편함이 존재한다.

④ 성장가능성 분석

방문판매 방식의 맞춤안경 판매자는 전무하여 변별력이 높다.

⑤ 위험(Risk) 분석

방문판매 이외의 추가적인 유인책을 강구하지 않으면 후발주자와 차별화할 수 없다.

⑥ 수익성 분석

방문/맞춤 판매에 따라 판매가격에 출장비용을 추가할 수 있다.

사업기회

① 격/오지 주민과 노인들이 안경을 구매하려면 많은 시간과 비용

을 투자해야 한다.

② 방문/맞춤 판매하는 안경판매 사업자가 전무하다.

③ 5~6종의 안경을 소비자에게 배송하여, 안경점 방문 없이 안경을 구매할 수 있는 사업 성공사례가 있다.

④ 안경매장 운영수익 이외의 추가수익 획득이 가능하다.

사업전략

① 브랜드를 구축하여 인지도와 신뢰도를 높인다.

② 유니폼을 착용하여 전문성을 부각한다.

③ 개인별 방문리스트를 작성하여 개인 맞춤형 서비스를 제공한다.

경영전략

① 안경테와 부속재료 샘플가방을 지참하여 현장에서 소비자가 선택하도록 유인한다.

② 접근성을 고려하여 1+1 판매 등을 통해 수익률을 높인다.

★**Tip** 사업초기 가망고객 발굴을 위한 홍보 및 광고활동에 집중해야 한다.

사업화 진행순서

시장조사단계		계획/준비단계		실행/영업단계
① 시장규모/경쟁업체 수 ② 소비자 수요 파악 ③ 손익분석	⇨	① 브랜드/홈페이지 구축 ② 고객Pool 구축 ③ 안경판매인/허가 취득	⇨	① 온라인 마케팅 활동 ② 현장영업

국가별 원격 맞춤안경점

- ▶ 업태: 도매 및 소매업
- ▶ 업종: 안경 및 렌즈 소매업
- ▶ 형태: 점포운영방식
- ▶ 자금규모: 1억 원 이상
- ▶ 주요 경쟁자: 각국 안경점

사업 분석

① 사업 환경

2018년 기준 재외동포 숫자는 약 749만 명이고, 국가별로 안경구입비용에 격차가 발생하고 있다.

② 경쟁자 분석

환율과 국가별 특성에 따라 미국과 일본 등에서 안경이 한국보다 높은 가격에 판매되고 있다.

③ 소비자 분석

재외동포 대다수가 주거지와 가까운 안경점에서 구매하고 한국을 방문하면 추가 구매한다.

④ 성장가능성 분석

한국제품이 가성비가 좋고 인터넷과 배송수단의 발달로 국가별 고객확보가 가능하다.

⑤ 위험(Risk) 분석

국가별 광고와 홍보가 쉽지 않고 변심과 제품하자 등에 따른 반품/교환요구 시 시간과 비용이 추가로 소요될 수 있다.

⑥ 수익성 분석

국내 판매가격 대비 10%~30% 높은 가격으로 판매 가능하다.

사업기회

① 미국 등에서 제작하는 안경가격 대비 국내제작 안경가격이 더 저렴하다.

② 디자인과 품질이 우수한 한국 상품을 재외동포와 외국인들이 선호한다.

③ 국제배송택배 등으로 단시간에 적은 비용으로 배송이 가능하다.

사업전략

① 고객정보를 DB화해서 고객의 취향과 기호에 맞는 제품정보를 제공함으로써 재 구매율을 높인다.

② 소비자 얼굴이미지에 다양한 종류의 안경착용 모습을 구현하여 소비자가 선택할 수 있도록 한다.

③ 보증보험에 가입하여 분실/훼손 등에 따른 손해를 보장한다.

경영전략

① 홈페이지에 상품페이지를 추가하여 상품의 재질, 크기, 가격 등을 자세히 설명한다.

② 1+1세트 구성 등을 통해 1회 주문 시 다양한 결합상품을 구매할 수 있게 유도한다.

③ 브랜드를 구축하여 인지도와 신뢰도를 높인다.

★**Tip** 각 국가별 재외동포가 인식할 수 있는 마케팅 수단 및 매체가 사업초기에 강구되어야 한다.

사업화 진행순서

시장조사단계		계획/준비단계		실행/영업단계
① 시장규모/경쟁업체 수 ② 소비자 수요조사 ③ 손익분석	⇨	① 브랜드/홈페이지 구축 ② 사업계획서 작성 ③ 상품 및 시설구비	⇨	① 인터넷 마케팅 활동 ② 국가별 소비자DB 구축

사무실 간식공급

- ▶ 업태: 도매 및 소매업
- ▶ 업종: 건강보조식품 소매업
- ▶ 형태: 사무실 운영방식
- ▶ 자금규모: 5천만 원 이하
- ▶ 주요 경쟁자: MRO 업체, 편의점, 할인마트, 스타트업 기업

사업 분석

① 사업 환경

사무실 간식과 비품 등은 직원들이 직접 회사경비로 구매하여 비치한다.

② 경쟁자 분석

사무실과 가까운 편의점과 할인마트에서 구매하는 경우가 많고, 간식공급 스타트업 기업이 영업 중이다.

③ 소비자 분석

회사경비로 구매하고 구매자 취향에 따라 봉지커피와 과자종류를 구매한다.

④ 성장가능성 분석

직원의 복리후생을 중시하는 회사가 증가하고 있고, 정기적으로 사무실에 간식을 공급하는 회사가 소수이다.

⑤ 위험(Risk) 분석

간식의 종류와 수량이 한정적이어서 후발주자와의 차별화가 쉽지 않다.

⑥ 수익성 분석

회사비용으로 구매하기 때문에 가격부담감이 적어 대량/고정적인 판매가 가능하다.

사업기회

① 사무실용 간식을 공급하는 경쟁자가 소수여서 시장점유율을 높일 수 있다.
② 중소기업 중심의 고정납품이 가능하다.
③ 회사의 직원 복리후생비용이 증가하고 있다.

사업전략

① 브랜드를 구축하고 회사 총무부서 등 담당부서와 직거래한다.
② 홈페이지를 구축하고 회원을 모집한다.

경영전략

① 제과회사와 직거래하여 매입단가를 낮춘다.
② 간식전용 납품상자를 제작 또는 구입하여 주기적으로 간식종류를 변경한다.
③ 주 1~2회 정기 방문하여 소진된 간식을 보충하고 종류를 변경한다.

★**Tip** 제품 공급처와 구매처 정보가 사업시작 전에 확보되어야 한다.

사업화 진행순서

시장조사단계	⇨	계획/준비단계	⇨	실행/영업단계
① 시장규모/경쟁업체 수 ② 소비자 수요 확인 ③ 손익분석		① 간식 제조업체 공급계약 ② 사업계획서 작성 ③ 브랜드/홈페이지 구축 ④ 마케팅 활동		① 회원모집/DM발송 ② 거래처 Pool 구축 ③ 납품품목 확대

찾아가는 맞춤형 반려동물 촬영

- ▶ 업태: 전문, 과학 및 기술 서비스업
- ▶ 업종: 사진촬영 및 처리업
- ▶ 형태: 무점포운영방식
- ▶ 자금규모: 1천만 원 이하
- ▶ 주요 경쟁자: 사진관, 사진작가, 핸드폰

사업 분석

① 사업 환경

반려동물시장의 폭발적인 성장에 따라 관련 산업분야도 동반성장 중에 있으며, 간식/의류/미용/건강관련 분야의 산업이 확대되고 있지만, 여행/교육/장례분야는 미 개척된 상황이다.

② 경쟁자 분석

반려동물전문 사진관과 출장사진 촬영업체는 소수에 불과하다.

③ 소비자 분석

반려동물을 의인화함에 따라 반려동물과의 추억을 사진으로 남기려는 소비자가 많다.

④ 성장가능성 분석

1인 가구와 노령인구 증가에 따라 반려동물시장은 계속하여 성장할 것이다.

⑤ 위험(Risk) 분석

진입장벽이 낮고 핸드폰 기능이 우수하여 변별력을 갖추지 못하면 소비자가 외면할 수 있다.

⑥ 수익성 분석

출장사진서비스 전문업체가 소수이고 반려동물에 대한 지출이 증가하여 수익창출이 용이하다.

사업기회

① 반려동물과의 기념사진 촬영을 희망하는 수요가 많다.
② 반려동물과의 기념사진과 일상생활사진을 촬영/제공하는 전문업체가 적다.
③ 기념사진/일상생활사진/이벤트사진 등 다양한 종류의 수익창출요소가 존재한다.

사업전략

① 인터넷 SNS/유튜브/블로그 등을 활용하여 전문업체로 홍보하고 광고한다.
② 동호회/반려동물카페/애견모임 등을 대상으로 홍보하고 광고한다.
③ 촬영용 소품과 의상을 준비하여 소비자 만족도를 높인다.

경영전략

① 성장앨범 제작으로 지속적인 수익을 창출한다.
② 기념 · 일상생활 · 이벤트촬영 등으로 구분하여 수익원을 다변화한다.

★Tip 사업자만의 독특한 콘셉트 또는 촬영기법을 보유해야 한다.

사업화 진행순서

시장조사단계		계획/준비단계		실행/영업단계
① 시장규모/경쟁업체 수 ② 소비자 수요조사 ③ 경쟁자 분석	⇨	① 브랜드/홈페이지 구축 ② 사업계획서 작성 ③ 콘셉트 개발 ④ 촬영장비 준비	⇨	① 회원모집 ② 인터넷 마케팅 활동 ③ 애견카페 등 제휴계약

찾아가는 유아 심리상담

- ▶ 업태: 전문, 과학 및 기술 서비스업
- ▶ 업종: 그 외 기타 전문, 과학 및 기술 서비스업
- ▶ 형태: 무점포운영방식
- ▶ 자금규모: 1천만 원 이하
- ▶ 주요 경쟁자: 정신과병원, 심리상담센터

사업 분석

① 사업 환경

아동학대 등에 대한 사회적 관심도가 증가함에 따라, 아동 대상 심리상담은 초등학교가 주도하여 실시하지만, 유아 대상 심리상담은 일부 유치원과 보육원에서만 진행한다.

② 경쟁자 분석

유아에 대한 출장 심리 상담을 전문으로 진행하는 업체는 소수이다.

③ 소비자 분석

한 자녀 가정의 증가로 자녀에 대한 투자와 지출을 아까워하지 않는 부모가 증가하고 있다.

④ 성장가능성 분석

사회구조 변화에 따른 경쟁강도 증가로 인해 심리상담 분야의 시장규모가 확대하고 있다.

⑤ 위험(Risk) 분석

진입장벽이 낮고 콘텐츠를 보유한 후발주자의 추월이 용이하다.

⑥ 수익성 분석

전문자격증과 변별력 있는 콘텐츠를 보유하면 틈새시장 선점 및 시장점유율 확대가 가능하다.

사업기회

① 영/유아를 주요 대상으로 찾아가는 심리상담 업체가 적다.
② 영/유아 대상의 아동학대에 대한 사회적 관심도가 높다.
③ 유치원과 보육원 등에서 진행하는 심리상담 프로그램이 다양하지 않다.

사업전략

① 유치원 및 보육원 등과 연계하여 방문상담 프로그램을 운영한다.
② 유아교육 관련협회 등과 계약하여 공동 프로그램을 진행한다.
③ 개인별 맞춤형 상담분석 자료를 제공하여 전문성을 높인다.

경영전략

① 상담분석 자료를 유치원 등과 공유하여 유치원의 전문성을 높인다.
② 전문자격증을 보유하고 브랜드를 구축하여 전문업체로서의 신뢰도와 인지도를 높인다.

★**Tip** 독특한 콘텐츠를 보유해야 경쟁자의 시장진입과 시장점유율 확대를 지연할 수 있다.

사업화 진행순서

시장조사단계	⇨	계획/준비단계	⇨	실행/영업단계
① 시장규모/경쟁업체 수 ② 소비자 수요조사 ③ 운영방식/현황 파악	⇨	① 전문자격증 취득 ② 사업계획서 작성 ③ 브랜드/홈페이지 구축	⇨	① 회원모집 ② 온라인 마케팅 활동 ③ 유치원 등 협업계약

노인/독신여성 전용 만능콜서비스

- ▶ 업태: 수리 및 기타 개인서비스업
- ▶ 업종: 그 외 기타 개인서비스업
- ▶ 형태: 사무실운영방식
- ▶ 자금규모: 3천만 원 이하
- ▶ 주요 경쟁자: 인력중개회사, 가사도우미

사업 분석

① 사업 환경

노령인구와 독신가구수 증가로 인해 생활편의를 제공하는 서비스 시장도 확대 중이고, 제공하는 서비스의 종류도 가사보조에서 구매대행 등으로 세분화되고 있다.

② 경쟁자 분석

가사보조와 구매대행 등의 서비스를 제공하는 인력공급회사와 구매대행회사가 영업 중이다.

③ 소비자 분석

여성독신가구주와 독거노인은 생활편의서비스를 선호한다.

④ 성장가능성 분석

노령인구와 독신가구수 증가로 인해 관련 서비스시장은 폭발적으로 확대될 것이다.

⑤ 위험(Risk) 분석

기존사업자 및 공공기관 서비스와 차별화된 서비스를 제공해야 성공할 수 있다.

⑥ 수익성 분석

회당 수수료를 청구할 수 있어서 브랜드 인지도를 높이면 주문신청이 증가할 것이다.

사업기회

① 편의점과 배달 업체 이외에 생활밀착형 종합서비스를 제공하는 경쟁자가 소수이다.

② 노령인구와 독신여성가구 증가로 관련 시장은 지속적으로 확대될 것이다.

사업전략

① 브랜드를 구축하고 인적/물적 안전성을 담보하면 시장장악이 가능하다.

② 고객 손실을 보상하는 인적 담보와 사후관리시스템 구축을 통해 고객의 신뢰성을 확보한다.

③ 홈페이지를 구축하고 회원가입을 유도하여 고정고객을 확보한다.

경영전략

① 노년층에게 생활문제 해결 위주의 서비스를 제공하고, 독신여성을 대상으로 생활편의 제공 중심의 서비스를 제공한다.

② 손해발생에 대비한 보증보험 가입 또는 연대보증인 입보 등으로 고객의 신뢰를 확보한다.

③ 인성/친절교육 등을 통해 파견 직원의 서비스 수준을 높인다.

④ 24시간 연중무휴 콜(Call)서비스를 제공하여 소비자 접근성을 높인다.

⑤ 회원별 등급을 부여하고 등급별 서비스와 혜택을 차등 적용한다.

★**Tip** 손익분기점 도달을 위한 고정고객 수 확보시점까지의 운영/여유자금이 필요하다.

사업화 진행순서

시장조사단계

① 시장규모/경쟁업체 수
② 소비자 수요

⇨ **계획/준비단계**

① 사업타당성 분석
② 사업계획서 작성
③ 투자자금 확보

⇨ **실행단계**

① 브랜드 구축
② 운영시스템 구축
③ 인력모집 및 교육

⇨ **판매/영업단계**

① 마케팅(광고/홍보) 활동
② 온라인홈페이지 개설
③ 회원모집/심사/관리

한국형 Vocation Vacation업

- ▶ 업태: 사업지원 및 임대서비스업
- ▶ 업종: 기타 여행보조 및 예약 서비스업
- ▶ 형태: 사무실운영방식
- ▶ 자금규모: 1억 원 이하
- ▶ 주요 경쟁자: 여행사, 봉사단체

사업 분석

① 사업 환경

휴가에 대한 개념이 변화하면서 휴가기간에 봉사/취미활동, 직업체험 등의 다양한 활동을 희망하는 사람들이 증가하고 있다.

② 경쟁자 분석

기존 여행사와 사회단체 등에서 여행과 봉사활동을 연결해 주고 있다.

③ 소비자 분석

봉사/취미활동과 직업/오지체험 등은 개인이 직접 정보를 수집하고 계획을 수립하는 편이다.

④ 성장가능성 분석

기존 사업자가 많지 않고 소비자 수요가 다양하여 틈새시장으로서의 성장가능성이 높다.

⑤ 위험(Risk) 분석

사업초기 분야별 협력회사를 확보하지 못하면 후발주자의 시장진입 제지가 어렵다.

⑥ 수익성 분석

정보판매 및 기관 연계에 따른 이익창출이 용이하다.

사업기회

① 휴가기간을 이용해 개인별 맞춤시간을 사용하려는 사람들이 증가하고 있는 추세이다.
② 사회구조의 다원화/다양화로 인해 1인 다직업(多職業)시대로 변화하고 있다.
③ 휴가기간을 이용한 직업체험 프로그램을 진행하는 업체가 소수에 불과하다.
④ 해외취업과 다양한 직업체험 및 선택을 희망하는 사람들이 증가하고 있다.

사업전략

① 다양한 직업체험 프로그램을 구축하고 체험사업장을 확보하여 소비자의 선택범위를 넓힌다.
② 해외 구직알선회사와 연계하여 해외취업경험 프로그램을 운영한다.

경영전략

① 홈페이지를 구축하여 프로그램 정보를 제공하고 홍보한다.
② 각국의 구직알선회사와 계약하여 상호 취업알선정보와 프로그램 참가자를 교환한다.
③ 프로그램 참가수수료를 국내/외 구직알선회사와 균등 배분한다.
④ 프로그램 참가확인 증명서류를 교부하여 참가자가 구직 시 활용토록 한다.

★**Tip** 사업연계회사 확보여부가 성패를 좌우한다.

사업화 진행순서

시장조사단계

① 시장규모/경쟁업체 수
② 소비자 수요

⇨

계획/준비단계

① 사업타당성 분석
② 사업계획서 작성
③ 협력회사 정보 확보

⇨

실행단계

① 브랜드 구축
② 협업회사 네트워크 구축

⇨

판매/영업단계

① 마케팅(광고/홍보) 활동
② 온라인홈페이지 개설

미래에서 오는 편지

- ▶ 업태: 정보통신업
- ▶ 업종: 포털 및 기타 인터넷정보 매개 서비스업
- ▶ 형태: 재택근무방식
- ▶ 자금규모: 2천만 원 이하
- ▶ 주요 경쟁자: SNS 계정, 포털사이트

사업 분석

① 사업 환경

현재의 근황과 안부를 공유하는 SNS(social network service)활동이 활성화되어 있으나, 미래의 특정시점에서 개인의 안부를 확인할 수 있는 예약제 SNS계정은 없다.

② 경쟁자 분석

포털사이트와 SNS계정사업자의 시장점유율이 높고 제공하는 콘텐츠가 다양하다.

③ 소비자 분석

소비자들은 자신들의 목표와 의지/약속에 대한 결과를 미래에 확인하기를 희망한다.

④ 성장가능성 분석

미래에 과거의 추억을 확인하려는 소비자 수요가 존재하고 미개척 시장으로서의 가치가 높다.

⑤ 위험(Risk) 분석

기존사업자의 시장진입이 용이하고 모방이 쉽다.

⑥ 수익성 분석

온라인과 오프라인을 연결하여 수익원을 다양화하면 수익률을 높일 수 있다.

사업기회

① 미래의 특정시점에 과거 기록과 약속 등을 확인하도록 지원하는 사이트는 소수이다.
② 많은 소비자들이 자신들의 현재상황과 미래상황을 비교하기를 희망한다.
③ 신규시장 개척에 따라 시장점유율 확대와 인지도 제고효과를 극대화할 수 있다.
④ 개인 이외에 기업/단체/동호회 등의 가입으로 수익률을 높일 수 있다.

사업전략

① 홈페이지와 브랜드를 구축하여 회원가입을 유도하고 홍보한다.
② 가입회원이 미래시점을 지정하여 자신의 기록물을 업데이트할 수 있도록 지원한다.
③ 회원이 지정한 일자와 시점까지 회원별 기록물을 보관/관리한다.
④ 회원이 지정한 시점에 도달하면 시스템에 의해 자동으로 회원에게 기록물이 전달되도록 시스템화 한다.
⑤ 온라인과 오프라인 지원을 병행하여, 회원이 지정한 시점에 회원이 희망하는 이벤트행사를 오프라인에서 진행한다.

경영전략

① 기록물 보관의뢰 시점에 기록물의 보관/관리비용을 선결제하여 운영자금을 확보한다.
② 회원가입은 무료로 진행하고, 기록물 보관/관리비용은 기간별로 산정하여 청구한다.
③ 보관자료 수량과 보관기간에 따라 수수료를 차등 적용한다.

④ 주문신청 시 오프라인 행사 진행여부와 요구사항을 기재하도록 안내하여 행사를 사전에 준비할 수 있도록 한다.

⑤ 오프라인 행사진행을 위해 관련분야 행사대행업체와 협업계약을 체결한다.

⑥ 특정지역의 특정장소를 지정하여 회원 기록물 보관 장소로 활용한다.

★Tip 특정 시점에 정보가 자동으로 전달될 수 있도록 시스템을 구축해야 한다.

사업화 진행순서

시장조사단계

- 경쟁업체 현황 조사
  - 동일/유사서비스 제공자

⇨

계획/준비단계

- 사업/투자계획 수립
  - 사업설명회/투자자 모집
- 사업타당성 분석
- 지식재산권 출원/등록

⇨

실행단계

- 홈페이지 구축/홍보
- 브랜드/시스템 구축
  - 서버소프트웨어 개발
- 관계회사 협업계약 체결

⇨

판매/영업단계

- 홈페이지 홍보/광고
- 동호회 등 회원가입 유도
- 기념장소 선정/조성
- SNS/모바일 마케팅

재고의류 해외수출

- ▶ 업태: 도매 및 소매업
- ▶ 업종: 섬유, 의복, 신발 및 가죽제품 중개업
- ▶ 형태: 무점포운영방식
- ▶ 자금규모: 1천만 원 이하
- ▶ 주요 경쟁자: 무역오퍼상, 의류제조/유통기업

사업 분석

① 사업 환경

유행에 민감한 의류제품 특성상 유행이 지난 의류는 소각되거나 저가에 판매되고 있다.

② 경쟁자 분석

국내 의류를 해외에 수출하는 무역회사들이 영업 중이다.

③ 소비자 분석

국내 브랜드 의류에 대한 개발도상국가 소비자 수요가 존재한다.

④ 성장가능성 분석

개발도상국가와 중국 내 저가시장을 지향하면 시장 확대가 가능하다.

⑤ 위험(Risk) 분석

개발도상국가 생산품과 품질/기능적 변별력이 낮으면 경쟁력이 없다.

⑥ 수익성 분석

국가별 고정거래처를 확보하면 안정적인 수익 확보가 가능하다.

사업기회

① 국내기업 브랜드 인지도가 높고 제품 품질이 우수하여 해외 소

비자가 선호한다.

② 국내에서 판매되지 않는 의류재고가 풍부하여 지속적인 수출이 가능하다.

③ 중/저가의류 수입을 희망하는 국가가 많다.

④ 마진율이 높은 고가의류로 수출품목을 확대할 수 있다.

⑤ 의류수출로 구축된 판로를 활용하면 의류 이외의 품목을 수출할 수 있다.

사업전략

① 의류수입 희망국가 수입업자를 발굴하여 판매망을 구축한다.

② 해당국가의 소비계층별로 시장을 세분화한다.

③ 의류생산회사와 공급계약을 체결하여 안정적인 공급처를 확보한다.

④ 의류이외 패션관련 품목을 추가하여 수출품목을 다변화한다.

경영전략

① 유행에 민감한 여성의류와 캐주얼 의류 비율을 높여서 판매수량을 증가시킨다.

② 컨테이너 단위로 주문받고 수출하여 수량과 마진율을 높인다.

③ 의류생산 인프라(Infra)가 구축되지 않은 국가를 우선하여 공략한다.

④ 수출지역 바이어(buyer)와 운송수단 및 방법을 사전협의하여 운송비용 부담을 최소화한다.

⑤ 수출조건은 FOB(Free On Board)와 MOV(Minimum Order Value) 조건으로 진행한다.

⑥ 대금결제방식은 신용장(L/C) 대신 동시결제방식(COD/CAD)으로

진행하여 위험을 최소화한다.

⑦ 수출보험에 가입하여 미수금 위험을 최소화한다.

⑧ 한국무역보험공사를 통해 구매자에 대한 사전 신용조사를 실시하여 계약의 안전성을 높인다.

★**Tip** 안정적인 의류공급업체 확보와 해외바이어 발굴이 중요하다.

사업화 진행순서

시장조사단계

- 해당국가 수요조사
  - 바이어/무역협회/대사관
  - 고객세분화/목표고객 선정
- 수익/비용구조 확인

⇨

계획/준비단계

- 사업계획서 작성
  - 구매/운송/판매계획
- 통관절차 확인/조력자 확보
  - 해당국가 통관/운송 담당

⇨

실행단계

- 의류제조회사 계약체결
  - 제조공장 방문/실사
- 해외바이어 계약체결
  - 신용도/구매능력 확인

⇨

판매/영업단계

- 브랜드/영업망 확장
- 수출품목 다변화
  - 공급회사 확대/계약
- 고부가가치 의류 발굴

해외부동산 중개업

- ▶ 업태: 부동산업
- ▶ 업종: 부동산 중개 및 대리업
- ▶ 형태: 점포운영방식
- ▶ 자금규모: 1억 원 이상
- ▶ 주요 경쟁자: 해외부동산 투자 중개회사

사업 분석

① 사업 환경

해외부동산에 관심을 가지는 소비자가 많지만 신뢰할 수 있는 중개회사가 소수여서, 해당국가 교포 또는 지인을 통해 부동산을 취득하고 있다.

② 경쟁자 분석

해외부동산 투자 중개회사가 다수 영업하고 있다.

③ 소비자 분석

여유자금으로 개발도상국가의 부동산을 저가에 구매하길 희망하는 소비자가 많다.

④ 성장가능성 분석

재테크 또는 노후생활 용도로 해외부동산에 관심을 갖는 소비자가 지속적으로 증가하고 있다.

⑤ 위험(Risk) 분석

신뢰할 수 있는 국가별 거래처가 확보되지 않으면 실패가능성이 매우 높다.

⑥ 수익성 분석

해외부동산 취득에 따른 복잡한 절차와 위험성을 고려하여 높은 수수료 청구가 가능하다.

사업기회

① 인터넷의 발달로 해외 각국의 부동산 관련 정보취득과 인력매칭이 용이하다.
② 해외부동산 취득을 위한 방법과 경로가 시스템화되지 않았다.
③ 해외부동산 취득에 따른 법적 제한이 점차 완화되고 있다.

사업전략

① 홈페이지를 구축하고 회원가입을 유도한다.
② 국가별 해외거래처를 확보하여 중개시스템을 구축하고 업무를 협업한다.
③ 거래위험을 해소하기 위해 보증보험 가입과 인적담보로 구매자의 신뢰도를 높인다.
④ 해외교포의 국내부동산 거래를 중개하여 추가수익을 확보한다.
⑤ 구매 후 관리/임대 등의 부가서비스를 제공하고 수수료를 청구한다.

경영전략

① 거래위험 해소를 위한 인적담보는 국내/외 중개담당자가 공동으로 연대하여 제공한다.
② 거래단계별 정보를 구매자에게 실시간 제공하여 신뢰도를 높인다.
③ 중개물건 확인단계에서 구매자와 중개인이 해당국가에 출장하여 직접 확인한다.
④ 법률/세무/건축담당 직원 고용 또는 관련 회사와 협업하여 장애요인을 해소한다.

★**Tip** 국가별 협업기업 네트워크 구축과 손실보전을 위한 물적/인적담보 확보가 중요하다.

사업화 진행순서

시장조사단계

- 경쟁업체 현황 조사
  - 부동산중개회사
- 고객수요/선호국가 파악
- 수익구조/장애요인 확인

⇨

계획/준비단계

- 사업타당성 분석
- 브랜드/로고 구축
- 사업계획서 작성
- 협업자 네트워크 구축

⇨

실행단계

- 홈페이지 구축/홍보
- 관계회사 협업계약
  - 부동산/법률/세무 등

⇨

판매/영업단계

- 가망고객 모집/세분화
- 매물정보 확보/취합
- 고객 방문판매/홍보
- SNS/모바일 마케팅

⇨

확장단계

- 국가별 지사 설립
- 관리/임대서비스 추가
- 국내부동산 중개 추가
- 자체개발/분양 진행

격/오지 생활자 긴급 생활편의 제공서비스

- 업태: 수리 및 기타 개인서비스업
- 업종: 그 외 기타 개인서비스업
- 형태: 무점포운영방식
- 자금규모: 2천만 원 이하
- 주요 경쟁자: 배송업체, 이동판매자

사업 분석

① 사업 환경

격/오지 근무자와 주민은 도시지역 주민보다 의료/쇼핑/교통 등에서 더 많은 불편함을 감수하며 생활한다.

② 경쟁자 분석

배송업체가 주문 물품을 배송하고 이동판매자가 생필품을 방문판매하고 있다.

③ 소비자 분석

격/오지 거주자가 도시지역 거주자보다 일상생활 문제해결에 시간과 비용을 더 지출하고 있다.

④ 성장가능성 분석

격/오지 거주자를 대상으로 생활편의 용역서비스를 제공하면 틈새시장 공략이 가능하다.

⑤ 위험(Risk) 분석

배송업체와 이동판매자가 제공하지 않는 추가서비스를 제공하지 않으면 변별력이 없다.

⑥ 수익성 분석

지역적 특성과 제공서비스 수준에 따라 도시지역 대비 판매가격을 20~30% 높게 책정할 수 있다.

사업기회

① 택배회사, 우체국, 만물판매상 등을 제외하면 격/오지 생활자를 대상으로 생활편의 용역서비스를 제공하는 경쟁자가 소수이다.
② 행정처리/생필품 구입/서류접수 등 사람이 직접 해결해야 하는 일은 다양하고 많다.

사업전략

① 생활편의 서비스 전문기업을 표방한다.
② 보증보험 가입 등 다양한 보상체계를 구축하여 소비자의 신뢰도를 높인다.

경영전략

① 모터바이크(오토바이)를 운송수단으로 사용하여 오지 접근성을 높인다.
② 민/형사상 위험을 담보할 수 있는 보상체계를 구축하고 홍보한다.
③ 운송거리/배송품목/시간에 따라 요금체계를 다르게 산정하여 이익률을 높인다.
④ 지역별 협업사업자(지입사업자)를 확보하여 공동 브랜드로 영업한다.
⑤ 대표 전화번호로 중앙집중식 콜센터를 운영한다.

★**Tip** 기존사업자 대비 제공하는 서비스의 차별화가 중요하다.

사업화 진행순서

시장조사단계

① 시장규모/경쟁업체 수
② 소비자 수요 확인

⇨

계획/준비단계

① 사업타당성 분석
② 사업계획서 작성
③ 협업자 네트워크 구축

⇨

실행단계

① 브랜드 구축
② 콜센터 구축

⇨

판매/영업단계

① 마케팅(광고/홍보) 활동
② 온라인홈페이지 개설
③ 정기회원 모집

찾아가는 어린이 생일잔치 진행서비스

- ▶ 업태: 수리 및 기타 개인서비스업
- ▶ 업종: 그 외 기타 개인서비스업
- ▶ 형태: 무점포운영방식
- ▶ 자금규모: 1천만 원 이하
- ▶ 주요 경쟁자: 레크리에이션(recreation) 대행회사

사업 분석

① 사업 환경

한 자녀 가정이 증가하고 자녀의 생일잔치도 고급화/다양화되는 추세이다.

② 경쟁자 분석

다수의 이벤트대행회사가 영업 중이며 어린이 생일잔치 전문 대행회사는 소수이다.

③ 소비자 분석

자녀에 대한 투자와 지출을 아까워하지 않는 부모가 증가하고 있다.

④ 성장가능성 분석

어린이 관련 비용은 교육과 양육 이외 분야로 급격히 확대되고 있다.

⑤ 위험(Risk) 분석

이벤트 행사업체 서비스와 차별화하지 않으면 소비자에게 외면당할 가능성이 높다.

⑥ 수익성 분석

경쟁자가 모방할 수 없는 차별화를 구현하면 20%~30% 높은 가격 제시도 가능하다.

사업기회

① 생일잔치 전문 1인 기업은 소수이다.

② 한 자녀 가정 증가로 생일잔치 수요는 매년 증가하고 있다.

③ 자녀를 위해 특색 있는 생일잔치를 준비하는 부모가 많다.

사업전략

① 소비자가 희망하는 장소와 시간에 맞춰서 이벤트를 제공한다.

② 복장과 소품으로 차별화하여 수요자의 호감을 이끌어낸다.

③ 맘카페 등 인터넷상 모임과 동아리를 대상으로 홍보하고 영업한다.

경영전략

① 행사기획부터 종료까지 전 과정을 소개하고 홍보한다.

② 브랜드를 구축하여 전문성을 강조한다.

★Tip 무형의 서비스 특성상 기존사업자와의 차별화가 진행되지 않으면 경쟁력이 없다.

사업화 진행순서

시장조사단계		계획/준비단계		실행단계
① 시장규모/경쟁업체 수 ② 소비자 수요 파악	⇨	① 사업타당성 분석 ② 사업계획서 작성 ③ 운영방안 수립	⇨	① 브랜드 구축 ② 홈페이지 구축/홍보 ③ 이벤트 프로그램 개발

주한 외국인 애로사항 해결 및 임신/출산 관리 서비스

- ▶ 업태: 수리 및 기타 개인서비스업
- ▶ 업종: 그 외 기타 개인서비스업
- ▶ 형태: 무점포운영방식
- ▶ 자금규모: 1천만 원 이하
- ▶ 주요 경쟁자: 국가별 인적 네트워크, 정착외국인, 각국 대사관

사업 분석

① 사업 환경

대한민국을 여행/사업/거주 목적으로 방문하는 외국인들이 겪는 시행착오와 애로사항을 해결해주는 서비스를 제공하는 사업자는 소수이다.

② 경쟁자 분석

한국거주 교민과 주한 대사관 관계자들이 가이드 역할을 수행하고 있다.

③ 소비자 분석

한국생활 정보가 부족하여 정착 준비 중 다양한 시행착오를 겪는 외국인이 많다.

④ 성장가능성 분석

글로벌화에 따라 외국인의 유입은 지속적으로 증가할 것이다.

⑤ 위험(Risk) 분석

일대일 밀착서비스를 제공하지 않으면 기존 경쟁자와 차별화하기 어렵다.

⑥ 수익성 분석

국가별 신규수요가 지속적으로 발생하므로 안정적인 수익창출이 가능하다.

사업기회

① 외국인 전용 애로사항 해결서비스를 제공하는 사업자가 소수이다.
② 여행/이주/출장 등 다양한 목적으로 대한민국을 방문하는 외국인 숫자는 증가하고 있다.
③ 부동산/행정처리/교육/임신 등 다양한 분야의 서비스를 제공하는 기업이 소수이다.

사업전략

① 국가별 한국 거주자를 모집하여 협업 계약하고, 거주자를 통해 일대일 밀착서비스를 제공한다.
② 국가별 인적 네트워크를 중심으로 홍보하고 영업한다.
③ 브랜드를 구축하여 생활편의 서비스 제공 기업이미지를 각인시킨다.

경영전략

① 각국 주한대사관/문화원 등과 협업계약하여 신뢰도를 높인다.
② 보증보험 가입 및 인적담보 설정으로 소비자 불안감을 해소한다.
③ 홈페이지를 개설하고 회원가입을 유도하며 관리한다.
④ 임신에서 출산까지, 부동산 취득에서 매각까지 관련분야 전 과정을 관리한다.
⑤ 서비스의 제공시간 또는 기간을 기준으로 수수료를 청구한다.

★**Tip** 한국 방문자에게 브랜드가 보편적으로 인식되지 않으면 경쟁력이 없다.

사업화 진행순서

시장조사단계

① 시장규모/경쟁업체 수
② 소비자 수요 확인
③ 소비자 행태 분석

⇨

계획/준비단계

① 사업타당성 분석
② 사업계획서 작성

⇨

실행단계

① 국가별 협업자 모집
② 브랜드 구축

⇨

판매/영업단계

① 마케팅(광고/홍보) 활동
② 온라인홈페이지 개설
③ 오프라인 모임 구성

개인별 맞춤의류 디자인 도면 제작자

- ▶ 업태: 수리 및 기타 개인서비스업
- ▶ 업종: 그 외 기타 개인서비스업
- ▶ 형태: 재택근무방식
- ▶ 자금규모: 1천만 원 이하
- ▶ 주요 경쟁자: 의류 디자이너, 맞춤의류 제작자

사업 분석

① 사업 환경

가치관의 변화에 따라 개성이 존중되고 자신만의 스타일을 추구하는 소비자가 증가하고 있다.

② 경쟁자 분석

기성복 디자이너와 맞춤의류 제작자가 소비자의 취향을 일부분 반영하여 의류를 제작/판매하고 있다.

③ 소비자 분석

동일 디자인/재질의 기성복에 식상해하고, 자신만의 Only One제품에 열광한다.

④ 성장가능성 분석

자신의 개성과 취향이 반영된 의류구입을 희망하는 소비자가 지속적으로 증가하고 있다.

⑤ 위험(Risk) 분석

기존 맞춤의류사업자의 모방가능성이 높다.

⑥ 수익성 분석

개인의 개성을 강조하는 맞춤의류 특성상 높은 가격으로 판매가 가능하다.

사업기회

① 개인의 취향이 반영된 맞춤의류 도면을 제작하여 제공하는 판매자가 소수이다.
② 의류제작 시 ONLY ONE 제품으로서의 가치가 높다.
③ 인건비 이외의 도면제작 비용이 적게 소요되어 수익률이 높다.
④ 투잡(Two Job)이 가능한 사업이다.

사업전략

① 다양한 디자인 도면 샘플을 제작하여 홍보에 활용한다.
② 브랜드를 구축하고 디자이너로서의 전문성을 광고한다.
③ SNS와 인터넷을 활용하여 목표고객인 20대 후반~30대 중반 여성소비자의 관심을 유도한다.

경영전략

① 자신만의 로고 또는 문양을 모든 도면에 삽입하여 상징성을 확보한다.
② 디자인 도면 소유권을 제작자가 보유하여 모방 및 복제를 방지한다.
③ 홈페이지를 구축하여 회원을 모집한다.
④ 제작된 디자인은 지식재산권 출원/등록하여 모방과 복제를 예방한다.
⑤ 의류 제작공장과 협업하여 소비자가 봉제공장을 찾아야 하는 불편함을 해소한다.

★**Tip** 자신만의 디자인적 차별화가 전제되고 도면에 반영되어야 한다.

사업화 진행순서

시장조사단계

① 시장규모/경쟁업체 수
② 소비자 수요
③ 수제의류 제작방식

⇨

계획/준비단계

① 사업자 등록
② 사업계획서 작성
③ 사업방향 설정/브랜드 구축
④ 의류 제작업체 탐색

⇨

실행단계

① 의류디자인 시안 제작
② 제작업체 협업계약
③ 홈페이지 구축

⇨

판매/영업단계

① 마케팅(광고/홍보) 활동
② 온라인홈페이지 개설
③ 회원모집/관리

자동차 인테리어 디자인 도면 판매업

- ▶ 업태: 사업지원 및 임대 서비스업
- ▶ 업종: 사무지원 서비스업
- ▶ 형태: 재택근무방식
- ▶ 자금규모: 1천만 원 이하
- ▶ 주요 경쟁자: 자동차 인테리어업체

사업 분석

① 사업 환경

차박인구 증가에 따라 자신만의 차량 인테리어를 희망하는 소비자가 증가하고 있고, 대다수 차량 인테리어는 자동차 인테리어업체가 주도하고 있다.

② 경쟁자 분석

자동차 인테리어업체 대다수가 개조 전문업체로 디자인 전문업체로서의 전문성이 낮다.

③ 소비자 분석

자신의 개성을 반영한 차별화된 자동차 인테리어에 대한 관심이 증가하고 있다.

④ 성장가능성 분석

자동차 개조와 인테리어가 활성화된 선진국처럼 자동차 인테리어 시장은 지속적으로 증가할 것이다.

⑤ 위험(Risk) 분석

기존 자동차 인테리어업체의 디자인 모방 가능성이 높다.

⑥ 수익성 분석

개인별 맞춤형 디자인 도면의 부가가치가 높아서 높은 가격으로 판매가 가능하다.

사업기회

① 여가생활을 즐기려는 인구가 증가하고 있다.
② 숙박업소 대신 차량캠핑을 선호하는 인구가 증가하고 있다.
③ 자신의 취향에 맞는 캠핑카 제작을 희망하는 사람들이 증가하고 있다.
④ 캠핑카 수요 증가에 따라 캠핑카 제작업체수도 증가하고 있다.
⑤ 캠핑카 도면을 전문적으로 제공하는 경쟁업체가 소수이다.
⑥ 지식재산권 확보를 기반으로 해외진출하기 용이하다.

사업전략

① 디자인 전문회사를 지향하여 다양한 콘셉트의 실/내외 디자인 도면을 구비한다.
② 인테리어 비용에 맞춘 다양한 디자인 콘셉트를 제공한다.
③ 브랜드를 구축하여 전문회사 이미지를 강조한다.
④ 디자인도면을 지식재산권 등록하여 독점적 권리를 확보한다.
⑤ 지식재산권 등록도면을 차량개조업체에 판매하여 추가 수익을 창출한다.

경영전략

① 자동차와 차박 관련 SNS모임과 동호회 등에 홍보/광고한다.
② 지식재산권 등록도면 중 저비용 인테리어 도면을 저가 판매하여 구매자를 유인한다.
③ 자동차 종류에 따라 디자인 도면을 다르게 작성한다.
④ 홈페이지를 구축하여 회원제로 운영한다.
⑤ 가입회원에게 월별 여행정보와 인/아웃테리어 디자인 정보를 제공하여 구매로 연결한다.

⑥ 자동차 개조업체에 도면을 제공하고 도면 사용수수료를 청구한다.

⑦ 자동차 제조회사와 협업하여 디자인 콘셉트에 부합하는 캠핑용 자동차를 제안/개발한다.

⑧ 홈페이지 가입회원은 차량개조 시 디자인 사용료를 할인하여 청구한다.

⑨ NPE(특허관리금융회사)와 계약하고 디자인 사용자에게 특허사용료를 청구한다.

⑩ 인터넷으로 디자인 콘셉트 자동차를 홍보하고 디자인권을 판매한다

★**Tip** 차량 인테리어에 대한 이해와 디자인 능력이 필요하다.

사업화 진행순서

시장조사단계
- 캠핑여행 수요 파악
  - 캠핑카/차량여행 수요
- 경쟁업체 분석
  - 차량/산업디자인 업체

⇨

계획/준비단계
- 사업/운영계획서 작성
- 손익/수입획득 계획 분석
- 고정수익 창출방안 수립
- 브랜드 구축/콘셉트 설정

⇨

실행단계
- 인/아웃디자인 개발
- 개발디자인 특허등록
- 홈페이지 구축/회원모집
- 관계회사 협업계약 체결

⇨

판매/영업단계
- 여행동호회/SNS 홍보
- 등록디자인 무료배포
- 회원대상 디자인 판매
- 관계회사 협업마케팅

⇨

확장단계
- B2B분야 진출
  - 제조회사 디자인 용역
  - 협업 콘셉트차량 출시
  - 액세서리 디자인 개발

중소기업 대행 Offer업

- ▶ 업태: 사업지원 및 임대서비스업
- ▶ 업종: 기타 사무지원 서비스업
- ▶ 형태: 재택근무방식
- ▶ 자금규모: 1천만 원 이상
- ▶ 주요 경쟁자: 오퍼상, 무역대행업체

사업 분석

① 사업 환경

중소기업은 수출담당 인원이 적고 해외바이어 정보가 축적되지 않아서 해외수출에 많은 애로사항을 느끼고, 해외출장비와 해외전시회 참가비 지출에 부담감을 갖고 있다.

② 경쟁자 분석

중소기업을 대행하여 해외시장조사, 샘플수집, 해외바이어 섭외 등을 대행하는 업체는 소수이다. 또한 정부기관과 지방자치단체 등에서 해외업무를 대행하지만 전담인력을 배치하지 않아서 성과창출이 쉽지 않다.

③ 소비자 분석

대다수 중소기업이 해외진출을 희망하지만, 전문 인력 채용과 해외영업 비용 때문에 해외진출을 도모하지 못하고 있다.

④ 성장가능성 분석

글로벌화에 따른 국가 간 거래는 지속적으로 증가할 것이다.

⑤ 위험(Risk) 분석

해외영업에 대한 지식과 경험이 부족하면 소비자가 외면할 수 있고, 계약체결까지 상당한 시간이 소요됨에 따라 소비자 신뢰를 상실할 수 있다.

⑥ 수익성 분석

준거가격이 정해지지 않은 업무 특성상, 계약체결과 결과에 따라 높은 부가가치 창출이 가능하다.

사업기회

① 중소기업의 해외수출 경쟁력이 약하다.
② 해외수출 담당인력과 부서를 보유한 중소기업이 적다.
③ 해외수출을 희망하는 중소기업이 많다.
④ 한국제품에 대한 해외바이어 인식도가 높다.

사업전략

① 중소기업 제품 전문 오퍼상을 지향한다.
② 거래아이템을 5개 이내로 한정하여 전문성을 높인다.
③ 수출희망 중소기업과 위탁거래계약을 체결하여 해외바이어의 신뢰도를 높인다.

경영전략

① 인터넷을 활용하여 제안하고 거래하며, 거래계약 시 해당기업과 해외 출장하여 계약한다.
② 해외바이어의 신뢰도를 높일 수 있는 자격증과 인증서를 구비한다.
③ 수출/입 거래계약 양 당사자에게 거래수수료를 청구한다.
④ 거래희망 국가와 거래품목으로 중소기업을 분류하고, 기업별 유사업무(해외출장, 바이어 상담 등)를 일괄 처리하여 업무 효율성을 높인다.

★**Tip** 해외영업 경험과 지식 및 어학능력을 구비해야만 가능한 사업영역이다.

사업화 진행순서

시장조사단계

① 시장규모
② 소비자 수요
③ 경쟁업체 현황
④ 인/허가사항 등

⇨

계획/준비단계

① 사업자 등록
② 사업계획서 작성
③ 중소기업 명단 작성
④ 해외바이어 현황 파악

⇨

실행단계

① 사무실 오픈
② 인력채용 및 교육
③ 중소기업 대상 영업
④ 해외바이어 대상 영업

⇨

판매/영업단계

① 마케팅(광고/홍보)활동
② 온라인홈페이지 개설
③ 거래처 확보/관리

사상체질 식당

- ▶ 업태: 숙박 및 음식점업
- ▶ 업종: 한식 음식점업
- ▶ 형태: 점포운영방식
- ▶ 자금규모: 1억 원 이상
- ▶ 주요 경쟁자: 한식전문 음식점, 기타 음식점

사업 분석

① 사업 환경

한국인의 전통의학에 대한 신뢰도는 매우 높고, 소득수준 향상에 따라 건강지향식품을 선호하는 추세로, 관련 분야 상품과 서비스가 지속적으로 확대되고 있다.

② 경쟁자 분석

개인별 체질에 부합하는 메뉴를 제공하는 음식점은 극히 소수에 불과하다.

③ 소비자 분석

개인별 선호도와 체질을 고려하여 소비자가 제공받는 메뉴를 취사선택해야 하는 불편함이 있다.

④ 성장가능성 분석

건강관련 제품과 서비스시장의 지속적인 확대로, 개인별 맞춤음식 시장도 동반 성장할 것이다.

⑤ 위험(Risk) 분석

자신의 체질에 대한 무지(無知)로 인한 알레르기 발생 등의 문제발생 가능성이 존재한다.

⑥ 수익성 분석

체질별 음식 제공에 따른 차별성을 부각하여 판매가격을 높일 수 있다.

사업기회

① 건강지향 먹거리에 대한 소비자들의 관심이 매우 높다.
② 사상체질 음식에 대한 소비자들의 인식이 긍정적이다.
③ 유해환경 노출로 인한 질병의 치료방법으로 동양의학이 주목받고 있다.
④ 사상체질 전문식당이 소수이고 대표적인 브랜드가 없어 경쟁력이 높다.
⑤ 시장개척자로서 부가혜택(가격결정권/브랜드인식도 등)을 독점할 수 있다.
⑥ 건강식을 좋아하는 고정고객을 확보할 수 있어 경기(景氣)영향을 최소화할 수 있다.

사업전략

① 사상의학에 기초한 메뉴와 식단을 구성하여 제공한다.
② 브랜드를 구축하여 시장을 선점하고 건강지향 이미지를 강조한다.
③ 제공메뉴를 체질별 2종류로 제한하여 총 8종의 주력메뉴를 판매한다.
④ 후식과 음료를 체질별로 구분하여 판매한다.
⑤ 방문고객 각자의 체질에 맞게 주문할 수 있도록 상차림메뉴를 1인용으로 구성한다.

경영전략

① SNS모임과 스포츠동호회 등에 홍보하고 광고한다.

② 방문고객의 이해도를 높이기 위해 점포 내에 사상체질 정보를 게시한다.

③ 상품특성을 고려하여 일반음식점 대비 10~20% 높은 가격으로 판매한다.

④ 음식 재료를 1주일 간격으로 부분 변경하여 식상함을 해소한다.

⑤ 전통문양이 각인된 집기비품을 사용하여 음식에 내포된 동양 문화의 정체성을 강조한다.

⑥ 한의학 관련 협회/단체와 협업하여 인증표장 등을 확보/게시한다.

⑦ 한의학 관련분야 권위자/전문가와 협업하여 추천/검증확인서 등을 확보/게시한다.

★**Tip** 사상의학 관련 단체/협회/권위자 등과의 협업 또는 추천을 확보하면 신뢰감을 높일 수 있다.

사업화 진행순서

시장조사단계		계획/준비단계		실행단계
• 목표고객 및 입지 선정 – 기호/지역분포/수입 등 • 경쟁업체 현황/숫자 – 운영방식/메뉴종류 등	⇨	• 사업/운영계획서 작성 • 사업자 등록/영업신고 • 메뉴개발/인증 · 추천확보 • 브랜드 구축/콘셉트 확정	⇨	• 납품/임대계약 체결 • 직원채용/매뉴얼교육 • 인/아웃테리어 시공 • 시험인증 결과 확보

	판매/영업단계		확장단계
⇨	• SNS/동호회 등 홍보 • 홈페이지 구축/홍보 • 브랜드 구축/마케팅 • 건강지향 콘셉트 부각	⇨	• 프랜차이즈 전개 • 점포/회사이미지 확장 • 메뉴 표준화/정량화 • 부가메뉴 개발/확장

반려동물 혈액공급

- ▶ 업태: 수림 및 기타 개인 서비스업
- ▶ 업종: 반려동물 장묘 및 보호 서비스업
- ▶ 형태: 점포운영방식
- ▶ 자금규모: 2억 원 이상
- ▶ 주요 경쟁자: 기존 혈액공급업체

사업 분석

① 사업 환경

1인 가구 증가와 핵가족화에 따라 반려동물을 입양하는 사람들이 증가하였고, 반려동물의 치료와 수술 등에 필요한 의료용 혈액 수요도 증가하고 있다. 현재 소수의 공급업체와 약 3백여 개 동물병원에서 공혈용 동물을 사육/관리하고 있는 것으로 확인되고 있다.

② 경쟁자 분석

기존 공급업체가 시장을 독점하고 있는 구조이다.

③ 소비자 분석

반려동물 치료를 위한 지출을 아까워하지 않는 사람들이 증가하고 있다.

④ 성장가능성 분석

반려동물시장 확대에 따라 치료에 필요한 혈액수요도 증가할 것이다.

⑤ 위험(Risk) 분석

쾌적하고 안정적인 사육시설 구축을 위한 초기 자본이 많이 투자되어야 한다.

⑥ 수익성 분석

시장 내 경쟁자가 소수에 불과하여 경쟁우위 확보 시 시장점유율 확대가 가능하다.

사업기회

① 반려동물 치료용 혈액을 공급하는 업체와 동물병원수가 소수이다.

② 동물용 혈액공급에 대한 법과 제도가 제정되지 않아 시장 선점 업체에게 유리하다.

③ 반려동물 입양수요 증가에 따라 관련비용도 연동하여 증가하고 있다.

④ 전문기술과 지식이 필요하지 않아 일반창업 하기가 용이하다.

⑤ 소수의 업체가 시장을 독점하고 있고, 공급이 수요를 충족하지 못해 경쟁력이 높다.

⑥ 수의사협회/사회단체 등과 협업이 가능하며, 공익사업으로서의 명분확보가 용이하다.

사업전략

① 브랜드를 구축하고 홈페이지를 만들어 홍보/광고한다.

② 사업장 환경을 공개하고 방문/견학 프로그램을 운영하여 소비자의 신뢰도를 높인다.

③ 수의사협회/동물전문병원 등과 계약하여 고정 공급처를 확보한다.

④ 선진국의 운영시스템과 동물보호기준을 도입하여 긍정적인 회사 이미지를 전달/홍보한다.

⑤ 사회적 기업 형태로 운영하여 공익성과 수익성을 동시에 확보

한다.

⑥ 반려동물 동호회원을 회원 또는 주주로 참여시켜서 지지와 응원을 유도한다.

⑦ 동물과의 교감과 동물복지를 주제로 회사와 브랜드를 스토리텔링방식으로 홍보한다.

경영전략

① 인터넷 SNS모임과 반려동물 동호회 등에 홍보/광고한다.

② 수의사협회/대학동물병원 등과 공익활동에 참가하여 긍정적인 이미지를 구축한다.

③ 여행사와 계약하여 사업장 방문 및 동물과의 교감/체험 프로그램을 운영한다.

④ 지정 동물병원과 계약하여 보육동물에 대한 정기적인 건강검진을 실시한다.

⑤ 건강 및 영양담당 관리자를 배정하여 동물들의 관리환경을 최적화한다.

⑥ 전국 동물병원과 수의사를 대상으로 회사를 소개하고 공급조건을 제시한다.

⑦ 사료회사와 연간 계약하여 매입단가를 낮춘다.

⑧ 유기동물보호센터와 동물복지연대 등의 조직과 연계하여 사업장 개설과 공급체계를 협업한다.

★**Tip** 사업인가 획득 및 거래처 확보방안 수립이 선행되어야 한다.

사업화 진행순서

시장조사단계

- 사업인가 제약조건
- 경쟁업체 현황/숫자
- 시장규모/수익구조
- 사육환경/조건/손익

⇨

계획/준비단계

- 사업계획서 작성
- 설립인가/사업자 등록
- 농장대지 매입/시설준비
- 사육동물 입양/매입

⇨

실행단계

- 공급/납품계약 체결
- 직원채용/매뉴얼교육
- 운영시스템 개발/실행
- 영업망 구축/회사소개

⇨

판매/영업단계

- 협회/병원/기관 홍보
- 브랜드 개발/마케팅
- 공익활동 참가/협업
- 홈페이지 구축/홍보

⇨

확장단계

- 공급시스템 구축/확대
  - 배송/유지관리 매뉴얼
- 긍정적 이미지 확장
  - 사회적 기업 형태 운영
- 자체 브랜드제품 개발
  공익/사회단체와 협업
- 이종(異種)산업과 협업
  - 사료회사/병원 등

해외교민기업 취업연결 사이트

▶ 업태: 사업지원 및 임대 서비스업

▶ 업종: 고용 알선업

▶ 형태: 재택근무방식

▶ 자금규모: 1천만 원 이상

▶ 주요 경쟁자: 국내/외 구인 사이트, 개별회사 홈페이지

사업 분석

① 사업 환경

글로벌화에 따른 해외취업 희망자가 증가하고 있고, 정부와 관련 단체 내 해외취업 전담조직은 미미한 수준이다.

② 경쟁자 분석

기존 구인 사이트와 정부기관 등에서 인지도가 높은 기업 중심으로 취업 관련 정보를 일부 제공하고 있다.

③ 소비자 분석

국내 경기불안에 따른 취업률 저하와 해외거주 희망자 증가에 따라 해외 취업을 희망하는 인구도 증가하고 있다.

④ 성장가능성 분석

글로벌화에 따른 해외 취업인구는 지속적으로 증가할 것이다.

⑤ 위험(Risk) 분석

부정확한 정보제공에 따른 취업불발 또는 범죄발생 등의 문제가 발생할 수 있다.

⑥ 수익성 분석

국가별 취업가망 기업체와 견고한 네트워크가 구축되면 중개수수료를 높게 책정할 수 있다.

사업기회

① 교민기업 특성 상 한국어로 의사소통이 가능하여 취업 희망자가 지원하기 유리하다.
② 취업/구인 희망자 수요가 많다.
③ 정부기관과 관련협회 등의 축적된 정보를 활용하기 좋고, 국가지원 사업 신청이 용이하다.
④ 해외교민업체 대상의 취업알선 전문업체가 소수이다.
⑤ 취업소개를 통해 해외교민업체의 국내진출/협업 등 희망사항을 파악할 수 있다.
⑥ 해외교민업체 정보를 기반으로 사업소개/업무자문/무역 등으로 사업영역을 확대할 수 있다.

사업전략

① 인터넷 홈페이지를 구축하여 홍보/광고한다.
② 기존 취업사이트와 차별화하여 해외취업 전문 기업 이미지를 전달한다.
③ 인터넷을 이용하여 지원과 채용과정을 진행한다.
④ 보증보험에 가입하여 양 당사자의 신뢰도를 높인다.
⑤ 해외교민의 한국 내 취업/사업협업을 알선/소개한다.
⑥ 브랜드를 구축하여 해외취업 전문업체로 홍보하고 취업성공사례를 광고한다.

경영전략

① 한상대회/해외바이어 초청행사 등 정부/지자체 주관행사에 참가하여 홍보/광고한다.
② 업무분야별 구직자 정보 리스트를 확보하여 행사참가 시 활용한다.

③ 해외 한국음식점 취업인력 소개를 부가업무로 진행한다.

④ 교민업체 정보를 기반으로 국내업체와의 거래중개/자문 등으로 사업영역을 확대한다.

⑤ 안전한 수익획득을 위해 수수료를 3단계(계약금/중도금/정산금)로 구분하여 청구한다.

⑥ 각 나라별 부동산 소개업체와 계약하여 취업자의 주거지를 안내하고 수수료를 배분한다.

⑦ 국내주재 각국 대사관과 협업하여 국가별 국내취업 희망자 정보를 취득한다.

⑧ 해외주재 한국대사관과 협업하여 해외교민업체 정보를 수집한다.

★Tip 국가별 해외교민업체 정보 획득 및 비즈니스 네트워크 구축이 선행되어야 한다.

사업화 진행순서

시장조사단계

- 경쟁업체 현황/운영방식
  - 수익구조/해외취업방식
- 해외교민업체 현황/숫자
  - 구인수요/업종/분포도

⇨

계획/준비단계

- 사업계획서/사업자 등록
- 브랜드/운영시스템 구축
- 수익구조 설계/비용예측
- 해외협업업체 선정/계약

⇨

실행단계

- 운영페이지 개설/운영
- 브랜드/시스템 구축
- 교민업체 리스트 작성
- 사무실 임대/직원채용

⇨

판매/영업

- 브랜드/운영사이트 홍보
- 관련기관/협회 협업계약
- 국내/외 교민행사 참가
- 해외교민업체 MOU체결

영양가득 밥 전문점

- ▶ 업태: 숙박 및 음식점업
- ▶ 업종: 한식 음식점업
- ▶ 형태: 점포운영방식
- ▶ 자금규모: 1억 원 이상
- ▶ 주요 경쟁자: 한식 음식점, 기타 음식점

사업 분석

① 사업 환경

현재 운영 중인 대다수 한식 음식점 메뉴는 고기 종류와 찌개 등을 주력메뉴로 판매 중이며, 밥은 상차림을 구성하는 아이템 중 하나로 제공되고 있다.

② 경쟁자 분석

밥을 차별화하여 주력메뉴화한 음식점은 소수에 불과하다.

③ 소비자 분석

상차림 구성 아이템 중 하나로 인식하지만, 밥의 품질에 대한 기대 수준은 높다.

④ 성장가능성 분석

건강지향 트렌드로 인해 건강지향 밥에 대한 수요도 지속적으로 증가할 것이다.

⑤ 위험(Risk) 분석

제공하는 밥의 품질을 소비자가 인식하지 못하면 경쟁 음식점에 대한 변별력을 상실할 수 있다.

⑥ 수익성 분석

재료와 조리법 등을 차별화하여 건강지향 메뉴로 차별화하면 가격 경쟁력이 있다.

사업기회

① 밥을 차별화한 전문음식점이 소수에 불과하여 차별화가 용이하고 업종 내 경쟁력이 높다.
② 밥은 차별화영역에서 제외된 상태로, 차별화할 경우 단시간에 인지도를 높일 수 있다.
③ 밥은 재료와 조리도구의 종류에 따라 차별화가 용이한 영역이다.
④ 밥 상태와 조리정도 등에 대한 소비자들의 관심과 선호도가 높다.
⑤ 기존 차별화방식이 잡곡을 혼합하는 방법에 한정되어 소비자가 식상해 한다.
⑥ 대다수 음식점 메뉴가 반찬 중심으로 구성되어 소비자가 차별성을 느끼지 못한다.

사업전략

① 소비자가 예상할 수 없는 재료를 혼합하여 차별화한다.
② 기존 조리방식과 기구를 변경/교체하여 차별화한다.
③ 브랜드를 구축하여 전문점 이미지를 홍보/강조한다.
④ 제공하는 음식메뉴를 밥 중심으로 재구성한다.
⑤ 세계 여러 나라의 유명한 밥 메뉴를 차용하여 제공한다.

경영전략

① 밥 메뉴를 고정하고 국과 반찬을 매일 변경한다.
② 밥과 관련된 특별메뉴를 제공하는 이벤트 실시로 소비자의 관심을 유발한다.
③ 소비자가 예상하지 못하고 경쟁자가 사용하지 않는 재료를 사

용한다.

④ 잡곡/해산물/산나물/채소/고기 등 부가재료에 따라 메뉴를 구분한다.

⑤ 2~3종류의 해외유명 밥 메뉴를 부가메뉴로 판매한다.

⑥ 소외계층과 소년/소녀가장 등을 대상으로 정기이벤트(감사/동행의 날 등)를 격월제로 진행하여 밥(끼니)에 대한 긍정적인 이미지를 전달한다.

⑦ 밥 이미지를 강조할 수 있는 집기비품과 식기를 사용하여 차별화한다.

★Tip 다양한 재료 사용과 차별화된 조리법 등으로 변별력을 높여야 한다.

사업화 진행순서

시장조사단계

- 목표고객 및 입지선정
  - 기호/지역분포/수입 등
- 경쟁업체 현황/숫자
  - 운영방식/메뉴종류 등

⇨

계획/준비단계

- 사업/운영계획서 작성
- 사업자 등록/영업신고
  - 위생교육/건강진단 등
- 메뉴개발/시식/검증

⇨

실행단계

- 재료납품/점포임대계약
- 직원채용/매뉴얼 교육
- 인/아웃테리어, 집기비품
- DM발송/전단지 배포

⇨

판매/영업단계

- 개점이벤트 개최
- 브랜드 개발/홍보/광고
- SNS/동호회 등 홍보
- 홈페이지 구축/회원모집

⇨

확장단계

- 프랜차이즈 전개
- 주력메뉴확장/계량화
- 자체 브랜드제품 개발
- 부가메뉴 개발/확대

휴식농장

- ▶ 업태: 예술, 스포츠 및 여가 관련서비스업
- ▶ 업종: 기타 유사 여가관련 서비스업
- ▶ 형태: 점포운영방식
- ▶ 자금규모: 2억 원 이상
- ▶ 주요 경쟁자: 체험농장, 주말농장

사업 분석

① 사업 환경

하절기 농촌체험과 김장채소 구매 등 목적으로 동호회 등의 농장 방문이 부정기적으로 진행되지만, 휴식과 요양 목적으로 단기간 농장에 거주하는 프로그램은 진행되지 않고 있다.

② 경쟁자 분석

개별 농장별로 유치원생과 청소년 등을 대상으로 농촌체험 프로그램 등을 진행하고 있다.

③ 소비자 분석

휴식과 요양을 위해 단기 거주 목적으로 농장을 방문하는 사람은 소수이다.

④ 성장가능성 분석

귀농/귀촌 인구 증가로 농/어촌 생활에 대한 인식이 개선되었고, 휴식/정착/요양 목적의 단기거주자는 지속적으로 증가할 것이다.

⑤ 위험(Risk) 분석

단기 거주자 목적에 부합하는 프로그램과 시설이 구축되지 않으면 기존 농장과의 변별력을 상실할 수 있다.

⑥ 수익성 분석

단기 거주자에게 숙식 및 일거리를 제공하여 수익을 창출할 수 있다.

사업기회

① 휴식/정착/요양 목적으로 농/어촌에 단기간 거주하는 프로그램을 진행하는 사업자가 없다.

② 비수기 농/어촌 수익증대에 기여할 수 있어서 지방자치단체의 지원을 유도하기 용이하다.

③ 농/어촌 인력수급 및 추가수익 창출이 가능하여 농장주 등과의 협업가능성이 높다.

④ 농/어촌 생활을 직접 체험하기 희망하는 도시인들이 많다.

⑤ 귀농/귀촌의 예비단계로 활용할 수 있어서 지방자치단체와 협업이 가능하다.

사업전략

① 협약계약을 체결한 농/어촌 가구에 대한 지방자치단체의 지원을 유도한다.

② 1년 365일 상시 운영하여 회전율을 높인다.

③ 농/어촌 가구의 실생활에 직접 참여하는 프로그램을 구축/실행한다.

④ 홈페이지를 구축하여 방문지역/대상가구/일정 등을 예약하도록 한다.

⑤ 사업초기에는 농장수를 최소화하여, 운영효율성과 소비자만족도를 높인다.

경영전략

① 체류일정(1일/1주일/15일 등)별 요금표를 작성하여 소비자 선택의 폭을 넓힌다.

② 숙박과 식사가 제공되는 가격을 여행/숙박업소 가격보다 낮게 책정한다.

③ 농/어촌 가구 중개수수료와 프로그램 참가비를 주요수입원으로 한다.

④ 소비자 민원 발생에 대비한 사후처리(A/S)대책을 수립/운영하여 소비자 신뢰도를 높인다.

⑤ 양 당사자(이용자/제공자) 동의 시, 전용농원 계약 또는 지분투자를 유도한다.

★**Tip** 일반 여행/숙박업소와의 차별화(실생활 체험과 휴식/요양시설 구축 등)가 중요하다.

사업화 진행순서

시장조사단계
① 시장규모/경쟁업체 수
② 소비자 수요
③ 동호회/모임 운영형태

⇨

계획/준비단계
① 사업계획서 작성
② 사업 인/허가 획득
③ 협업농장 탐색 및 계약
④ 운영프로그램 개발

⇨

실행단계
① 홈페이지 구축
② 회원모집
③ 브랜드 구축
④ 인력채용 및 운영

⇨

판매/영업단계
① 동호회/SNS모임 대상 회원모집
② 협업농장수 확대
③ 농장별 프로그램 개발

참고문헌 및 자료

(1) 마크로밀엠브레인 트렌드 모니터 설문조사(전국 만 19~59세 남녀 1,000명 대상)

(2) "자영업자, 10년 전보다 57만 명 감소…대출 240조 원 달해" 「월드경제신문」–2016.9.26

(3) "물총새 부리 모방한 신칸센 열차" 「사이언스타임즈」–2016.11.29 (김준래 객원기자 stimes@naver.com)

(4) "국내 코로나 19 감염 반려동물 사례 발견.. 면역력 증가 영양제 주목" 「헤럴드경제」– 2021.02.17.

(5) "코로나19 한파 2020년 고용상황, IMF 외환위기 이후 가장 심각" 「브레이크뉴스」– 2021.02.16.(박수영 기자 break9874@naver.com)

(6) 이미지 출처(떡볶이) – 네이버 블로그(http://blog.naver.com/bsufba4)

(7) 이미지 출처(짬짜면) – 블로그(티스토리 http://yuyu3795.tistory.com)

(8) 이미지 출처(아가씨와 노파) – 네이버 블로그(http://blog.naver.com/smalleye93)

(9) 이미지 출처(손익분기점) – 블로그(티스토리 http://ncmoney.tistory.com)

(10) 통계청 2018년 기업생멸 행정통계 보고서

(11) "노량진수산시장 우리가 몰랐던 이색 매장·볼거리… 비린내 밴 희로애락 '추억 속으로' 「경향신문」– 2015.11.27.(박주연 기자 jypark@kyunghyang.com)

(12) 광명시장 호수상회 – KBS 생방송 아침이 좋다(459회) 대박의 비밀

지은이 **김진홍**

기업가정신과 창업을 전공한 경영학 박사이며 명지전문대학 전임교수로 재직 중이다.

소자본, 아이디어, 정부지원 사업에 기초한 창업 전문가로서, ㈜충영 이사, ㈜에스알라이프앤글로벌 대표이사로 재직하였고, 현재 '500만원 창업연구소' 대표로 재직하면서, ㈜휴럼 이사, 영동올갱이협동조합 이사를 겸직하고 있다. 또한 국가 R&D 참여인력정보서비스에 과학기술인으로 등록되어 서울산업진흥원 창업멘토로 활동하였고, 현재 중소기업기술정보진흥원 평가위원과 중소벤처기업부 비즈니스지원단 전문위원 및 고양지식정보산업진흥원 평가위원 그리고 경기테크노파크 전문위원으로 활동하고 있다.

한국경영교육학회와 글로벌경영학회 정회원으로 활동하며 기업가정신과 창업에 관한 다수의 논문을 발표하였고, 기업가정신과 창업 전문서적 [새로운 창업을 위한 굿 아이디어 창업], [소자본 창업자를 위한 아이디어 개발과 특허출원], [기업가정신 2.0 : 창업의 기술]을 출간하였다.

비전기식 요구르트 발효기의 공동개발자로 창업과 사업화스토리가 한국경제신문과 서울시홈페이지 등에 소개되었고, 중소기업진흥공단 창업논문공모에서 수상하였다. 25건의 지식재산권 출원과 7건의 선행기술조사를 통해 아이디어에 기초한 제품개발을 진행하고 있으며, 예비 창업자와 초기 사업자를 대상으로 소자본, 아이디어, 정부지원 사업 기반의 창업과 사업화 및 지식재산권 실무를 컨설팅하고 있다.

틈새시장을 파고드는 55가지 사업아이템

- 발상의 전환을 통한 사업아이템 발견 -

초판 1쇄 인쇄 / 2021년 3월 10일
초판 1쇄 발행 / 2021년 3월 15일

저　자 / 김 진 홍
발행인 / 이 중 수
발행처 / 동 문 사

서울특별시 서대문구 홍제원 1길 12
(홍제동 137-8)
Tel : 02)736-3718(대), 736-3710, 3720
Fax : 02)736-3719
등록번호 : 1974.04.27. 제9-17호
가격 : 16,000원

ISBN : 979-11-6328-272-3 (93320)
E-mail : dong736@naver.com
www.dongmunsa.com